装画　柴田みどり
装釘　須田照生

はじめに

ヨブは「苦難を与えられた人間である」ことは、よく知られていることだと思います。しかし、その「苦難」とは何なのでしょうか。皮膚病とか、子どもの死とか、名誉失墜とか、様々なことが考えられます。しかし、いずれも苦難の内実に迫っていくことはできないと思います。

現在は、ウクライナ・ロシアの戦争やイスラエルとガザ地区のハマスとの紛争があります。また世界が再び自国優先主義などによって分断し、同じ国のなかでも上流階級と下流階級が出来、分断が広がってきています。様々な自然災害や地球温暖化がもたらす災害も頻発していますが、各国の事情があって協力できないのが実情です。

この世は不条理に満ち、理不尽なことに満ち満ちています。そういう問題と、ヨブ（作者）は真っ向から向き合い、神に「なぜ、こういうことがあるのですか。あなたがやっているのですか。あなたは無力なのですか」と激しく問うのです。そして、「お前は何かをやっているのか」と、神に問われることになります。そこには、「問うな！」という神様の思いがあるのでしょうか。私は「違う」と思います。でも、私たちは、神様からの問いになんと応えるのでしょうか。

でも、本来、宗教は物事の内実を徹底的に見つめさせるものだと思います。もちろん、自分を神にする以外にないこの世の「無宗教」も、錯覚に満ちたきわめて欺瞞的なものですが。

ヨブは、人間に関して、神に関して、出来事に関して、徹底的に問いを深めていきます。すべてのことに公式を立てず、なぜ？　何？　何のため？　と追及するのです。それは実にしんどいことです。でも、事柄の真相（深層）に迫ることだと思います。ヨブ記は、ヨブという人物をとおして、そういう問いを徹底的に深めていきます。しかし、そうであるからこそ、「唯一の正解には至らない」とも言えます。

ヨブの経験

「ヨブ記」は物語ですけれど、その物語の中で、ヨブは言語を絶するような悲惨な目に遭っています。七人の息子たち、三人の娘たちがすべて殺されたり事故で死んだりします。そして、牛やロバなどの全財産を他民族に奪われたり、天災で失ったりしてしまいました。これ以上ないほどに恵まれていた彼は、あっという間に一文無しになってしまうのです。その上に、彼は汚らわしい皮膚病に全身が襲われ、人々から忌み嫌われて、町の外で灰の上に座し、陶器の破片で肌を掻かねば痒くて堪らないという日々を送っていたのです。彼は大金持ちでありつつ信仰深い人でしたし、貧しい人や孤児にも思いやりのある人でした（三一・一三〜二三など）。神様がサタンに向かって自慢するような「**無垢な正しい人**」（一・一）だったのです。（「無垢」という言葉は罪を一切犯さない感じがしますが、ヨブは罪を一回も犯したことがないということではありません。）そういう理想的な信仰者であるヨブが、ユダヤではないウツの地で生きる異邦人（ユダヤ人ではない）であることも見逃してはいけないことです。しかし、町の名士であり、召使が何人もおり身分も名誉もあったヨブが、今や汚れた者として人々から嫌われ（一九・六～二〇など）、町から追い出されているのです。まさに「天国から地獄に落ちた」という感じです。

私たちは、悪いことが続けて起こったりすると、「私は何も悪いことはしていないのに」と言ったりします。悪いことをすれば、神様から罰を受けるという「公式」は古今東西に拡がっていると思います。ヨブ記は宗教が陥らせる欺瞞をよく知っています。神とはこういうものだ、人間とはこういうものだ、悪いことをすれば罰を受けるという「公式」を作り出し、その「公式」に神や人間を当てはめてしまう。しかし、人間も、世界も、神も、理解したり、整理したりできないものではないでしょうか。

応報思想

「ヨブ記」がいつ書かれたのかについては諸説があります。しかし、それがいつであっても、因果応報的に出来事を考え、「公式」を作ってしまうことは古今東西で変わることがないと思います。ヨブ記は、そういう「公式」に否を唱えます。

各地からヨブの見舞いにやって来たエリファズを初めとするヨブの三人の友人たち（他にビルダト、ゾファル）は、当時のユダヤ教を代表していますが、ヨブの悲惨な現実を見て言葉を失いました。彼らは、くず折れて沈黙しているヨブと共に座り込むしかなかったのです。安直な慰めの言葉をかけたりしませんでした。

でも、七日の沈黙後のヨブの痛烈な神否定の言葉を聞いてから、エリファズは、こう言いました。

神は貧しい人を剣の刃から

権力者の手から救い出してくださる。
だからこそ、弱い人にも希望がある。
不正はその口を閉ざすであろう。
見よ、幸いなのは
神の懲らしめを受ける人。
全能者の戒めを拒んではならない。
彼は傷つけても、包み
打っても、その御手で癒してくださる。
六度苦難が襲っても、あなたを救い
七度襲っても
災いがあなたに触れないようにしてくださる。
飢饉の時には死から
戦いの時には剣から助け出してくださる。

（五・一五～二〇）

後に、こうも言っています。

「もし、全能者のもとに立ち帰り
あなたの天幕から不正を遠ざけるなら
あなたは元どおりにしていただける。」

（二二・二三）

彼らにとって、神は間違うはずがないし、神のなすことはいつも「正しい」のです。だから神様が与えた罰に盾をつき、自分が「正しい」と主張するヨブ（一三・一八、九・二では「神より正しいと主張できる人間があろうか」と言っています）は傲慢だと思うほかありません（一五・一一五）。エリファズは、これほどの罰を与えられた自分の大罪を認め、赦しを乞いつつ神様の赦しに立ち帰るべきだと言うのです。ビルダトやゾファルも基本的には同じ立場です。

ヨブの苦難の根幹

ヨブも、神は「正しい」こと（ミシュパート、公義、権利。ツェデク、正義）を為さる方だと考えていました。「正しいことをするからこそ神なのだ」と思ってきたのです。それなのに、自分に起こったことは「正しい」のか。「正しいことをするはずの神様」がやっているなら、その理由を教えて欲しい。彼はそう言っているのだと思います。子どもたち全員の命を失い、全財産が他民族に奪われたことや、全身を覆う皮膚病によって地位や名誉などを失ったことなどは悲惨を極めたことです。でも、なぜ自分はこういう目に遭ったのか、その理由を彼は知らないのです。ヨブがどれほど訴えても、神様は沈黙してお答えにならない。だから、今のような状況になった理由がヨブにはわからず、「神様は間違っているのではないか」と思わざるをえないのです。そういう思いの中で、彼は苦悶し、今の状況になっている理由とか原因が何であるかを徹底的に追及していかざるをえないのです。

そういう過程の中で、ヨブは右にも左にも振れます。言葉の表面だけをみれば、「これが同一人物の言葉なのか」と思うこともしばしばあります。けれど、公式的な綺麗事で済ませることなく、神様の胸倉を掴むようにして問いを深め続けていけば、そうならざるをえないとも思います。

ヨブの言葉

しばらく、ヨブが言っていることを辿っていこうと思います。

ヨブは、七日間の沈黙の後、神様の創造を否定します。神様が天地を創造された時にヨブがいるわけがありません。そういう被造物が自分の命に繋がる「光」からの創造を否定したところで、何かが起きるわけがないのです。けれど、神様の創造を否定せざるをえないほどに、彼の苦しみは深いのだと思います。そして、その苦しみの根底には、自分が味わっていることは、「神様がやっていることなのではないか」という疑問があるのです。「正しいことをするはずの神が、こんなことをするのか！」そういう思いがあるのです。

彼は、こう言いました。

「わたしの生まれた日は消えうせよ。
男の子をみごもったことを告げた夜も。
その日は闇となれ。
神が上から顧みることなく
光もこれを輝かすな。」（三・三〜四）

友人のエリファズはその言葉を聞き、ヨブを皮肉りながら、こう言いました。

「神を畏れる生き方が、あなたの頼みではなかったのか。」（四・六）
「わたしなら、神に訴え、神にわたしの問題を任せるだろう。」（五・八）

エリファズに言われるまでもなく、ヨブは「**神よ、神よ**」(六・九)と訴えています。でも、神様は沈黙のままです。

だからヨブはこう叫ぶのです。

「**もうたくさんだ、いつまでも生きていたくない。ほうっておいてください、わたしの一生は空しいのです**」(七・一六)

彼の中には、今の悲惨な現実は、若い時に犯した「**過ち**」(七・二〇)に対する神の審きかもしれないという恐れがありました。

だから、こう言っているのです。

人を見張っている方よ
わたしが過ちを犯したとしても
あなたにとってそれが何だというのでしょう。
なぜ、わたしに狙いを定められるのですか。
なぜ、わたしを負担とされるのですか。
なぜ、わたしの罪を赦さず
悪を取り除いてくださらないのですか。
今や、わたしは横たわって塵に返る。

あなたが捜し求めても
わたしはもういないでしょう。（七・二〇～二一）

彼は、自分は無罪潔白だとは思っていません。若かりし時に罪を犯したことがあります。しかし、若かりし時の「過ち」や「罪」が、神様によって「今」審かれているとはどうしても思えないし、その軽い罪と重い審きのバランスが全く取れないのです。だから彼は「なぜ、なぜ」と神様に問う。しかし、当然のことながら、神様は沈黙している。彼が味わっている苦しみの根底に流れている一つのことは、神様の沈黙にもあると思います。

「沈黙」は答えていないことだ、また、答えられないことの徴《しるし》であるとは言えないでしょう。神の「沈黙」が、ヨブの思考を深めていることは確かです。また、ヨブが問えば神が答えるという構図は、神から「自由」を奪ってしまう。人間にはわからないことがある。そのことをわからせる。神様の「沈黙」にはそういう意味があるのかもしれません。

神様とサタンの対話

思い返してみれば、ヨブが味わっている悲惨は天上における神様とサタンとの対話に原因があります。神様は「ヨブほどの信仰者は地上にいない」とサタンに自慢しました。サタンは、「ヨブは神に利益を与えられているから、神を敬っているのだ」と言いました。そしてサタンは、神の許しを得て、牛や羊、ラクダなどの財産が他民族に奪われ、大風で家が崩壊してヨブの子ども全員が死んでしまうという凄まじいことをしたのです。ヨブの驚きと悲しみを思いますと、言葉もありません。

その時、ヨブはこう言いました。

「わたしは裸で母の胎を出た。
裸でそこに帰ろう。
主は与え、主は奪う。
主の御名はたたえられよ。」（一・二一）

まさに、「このような時にも、ヨブは神を非難することなく、罪を犯さなかった」（一・二二）のです。
後日、天上で、神の使いたちが主のもとに集まった時に、サタンも主の前に出ました。その時、主はサタンにこう言いました。

「お前はわたしの僕ヨブに気づいたか。地上に彼ほどの者はいまい。無垢な正しい人で、神を畏れ、悪を避けて生きている。お前は理由もなく、わたしを唆して彼を破滅させようとしたが、彼はどこまでも無垢だ。」（二・三）

サタンは、こう答えました。

「皮には皮を、と申します。まして命のためには全財産を差し出すものです。手を伸ばして彼の骨と肉に触れてごらんなさい。面と向かってあなたを呪うにちがいありません。」（二・四〜五）

人間にとって、命ほど大切なものはない。この命のためならば、ヨブも「神様への畏れ」など捨てて、神様を「呪う」に違いないと言うのです。

そこで、神様はサタンにこう言いました。

「それでは、彼をお前のいいようにするがよい。ただし、命だけは奪うな。」（二・六）

この言葉を聞いてサタンは、頭のてっぺんから足の裏まで覆う皮膚病にヨブを罹らせました。彼は灰の中に座り、素焼きの破片で体を掻きむしらねば痒くてたまらないという凄まじい状態になったのです。見かねた妻が、彼にこう言いました。

「どこまでも無垢でいるのですか。神を呪って死ぬ方がましでしょう。」（二・九）

彼女はヨブを愛しているので、ヨブの苦しみを間近に見続けることは、彼女にとって死ぬほど辛いことだったのです。

ヨブはその妻に向かって、こう言いました。

「お前まで愚かなことを言うのか。わたしたちは、神から幸福をいただいたのだから、不幸もいただこうではないか。」（二・一〇）

「このようになっても、彼は唇をもって罪を犯すことをしなかった」（二・一〇）とあります。この「唇をもって罪を犯すことをしなかった」という言い方は、彼の中に微妙な変化が起こり始めていることを表していると思います。

理由もなく

話は遡りますが、神様のサタンへの言葉にある「理由もなく」（二・一〇）は中心的な言葉だと思います。神様はサタンのやったことには疑問なしとは思えなかったのです。ヨブにとっては尚更です。ヨブは、天上における神様とサタンの対話は知りません。彼は、神様がこんなことまでやるとも思えません。でも、実際にこういうことが起こっている。天上の神様とサタンの対話を知らないヨブは、こんなことが起こる理由を知るわけがありません。理由もなく、言語を絶する悲惨を味わう苦しみは途轍もないものだと思います。神は公義（ミシュパート）や正義（ツェデク）を行うべきなのに、「そうではない」という思いが、肉体の苦しみに加えて、精神的な苦しみを彼に与えています。

彼は、こう言います。

わたしが正しいと主張しているのに
口をもって背いたことにされる。
無垢なのに、曲がった者とされる。
無垢かどうかすら、もうわたしは知らない。

生きていたくない。
だからわたしは言う、同じことなのだ、と
神は無垢な者も逆らう者も
同じように滅ぼし尽くされる、と。
罪もないのに、突然、鞭打たれ
殺される人の絶望を神は嘲笑う。
この地は神に逆らう者の手にゆだねられている。
神がその裁判官の顔を覆われたのだ。
ちがうというなら、誰がそうしたのか。

（九・二〇～二四）

地上の現実は無秩序の極みであって、「罪もないのに、突然、鞭打たれ、殺される人の絶望を神は嘲笑う」と、ヨブは思わざるをえないのです。そういう神の前で、自分は「正しい」と主張しても、「口をもって背いたことにされてしまう」。そういう世の中に「生きていたくない」と呻くヨブの気持ちは、痛いほどわかる気がします。

今は（二〇二四年五月現在）、ロシアの大統領たちがロシア系住民を保護するという名目で、隣国ウクライナに侵略し、主に自国にいる少数民族を動員して戦地に送り、戦争を継続しています。そして、ウクライナでは市民が殺され、女性はレイプされていると言われている。また、ガザ地区を実効支配しているハマスのイスラエル人に対する無差別の攻撃をきっかけとして、イスラエル国家がガザにいるハマス殲滅を謳い文句とした過剰な報復が続いています。その結果、「天井無き牢獄」と言われるガザ地区の子どもを含む武器を持たない市民の犠牲が増え続けています。

そういう滅茶苦茶な世の現実を見て、「神は嘲笑っている」と思うのであれば、「生きていたくない」とヨブが思うのは当然だと思います。それぞれの陣営は、自己の「正しさ」を主張します。しかし、神は沈黙しているように思える。どこに「正しさ」があるのかわかりません。そして、すべてのことを神様がやっているのか。人間のすべきことは何なのか。いろいろ考えさせられます。

ヨブにとっては、あくまでも「正しさ」が必要です。そして、神は「正しい」ことを行うべきなのです。

だから、彼はこう言います。

見よ、わたしは訴えを述べる。
わたしは知っている、わたしが正しいのだ。
わたしのために争ってくれる者があれば
もはや、わたしは黙って死んでもよい。

（一三・一八〜一九）

しかし、神の正しさを求めるがゆえに、神が正しいとは思えないヨブの言葉を友人たちは全く理解できません。ヨブは、そういう友人たちと議論しつつ「**わたしが話しかけたいのは全能者なのだ**」（一三・三）と言います。表面上は友人たちと議論しているのですが、内実は、ヨブの「正しさ」を神様に認めさせたいのです。そして、神様が自分の非を認め、ヨブに詫びて欲しいのです。

そうだけれど、あくまでも神様に判定をして欲しいのです。それゆえに、彼はこう言います。

あなた自ら保証人となってください。
ほかの誰が
わたしの味方をしてくれましょう。

（一七・三）

しかし、神の沈黙は続きます。そこで、彼はこう叫ぶのです。

わたしは知っている
わたしを贖う方は生きておられ
ついには塵の上に立たれるであろう。
この皮膚が損なわれようとも
この身をもって
わたしは神を仰ぎ見るであろう。
このわたしが仰ぎ見る
ほかならぬこの目で見る。
腹の底から焦がれ、はらわたは絶え入る。

（一九・二五～二七）

この箇所については説教で語っています。彼の希望は肉体の死を越えていきます。その後、知恵の讃歌とか嘗ての自分と今の自分を比較しての嘆き、神への恐れとかいろいろあります。でも、彼はこう言います。それがヨブの言いたかったことだと思います。

どうか、わたしの言うことを聞いてください。
見よ、わたしはここに署名する。
全能者よ、答えてください。
わたしと争う者が書いた告訴状を
わたしはしかと肩に担い
冠のようにして頭に結び付けよう。
わたしの歩みの一歩一歩を彼に示し
君主のように彼と対決しよう。
（三一・三五〜三七）

「君主のように、神と対決する」。ヨブは神様を恐れたりもするのですが、どう考えてもおかしいこと、納得できないことがあります。そして、自分におこったことを初めとして、世の中にある不条理の理由を説明しろ、と神様に掴みかからんばかりに訴えます。その際、彼は神の前で卑屈にではなく「君主」のように胸をはって神と対決します。それが、自らを「正しい」とするしかないヨブの基本姿勢だと思います。

ヨブという人がいた

ヨブ記一章一節〜三節

ウツの地にヨブという人がいた。無垢な正しい人で、神を畏れ、悪を避けて生きていた。七人の息子と三人の娘を持ち、羊七千匹、らくだ三千頭、牛五百くびき、雌ろば五百頭の財産があり、使用人も非常に多かった。彼は東の国一番の富豪であった。

ヨブ記

本日からヨブ記の連続説教を始めます。私たちは、ヨブ記を『聖書』に入れられている書物として読みます。だから毎回、神様の語りかけを聴きたいと願っています。でも、ヨブ記から一回ごとに神様の語りかけを聴くとはどういうことなのか、考え込んでしまいます。

ヨブ記は、最初と最後に散文で書かれた枠物語があります。その枠に挟まれる形で、詩文で書かれたヨブと三人の友人の対話、そしてエリフの言葉、最後に神の弁論とヨブの応答があります。こういうところからもわかりますように、ヨブ記には、人間が抱え込んでいる問題に関する多くの部分がありま す。そういう言葉から、「神様の語りかけ」を聴くことができるのか。毎回の礼拝において、説教は説教になるのか。そういう心配もあり、かなり前からヨブ記は読んでいましたけれど、説教する自信が持てませんでした。今も持てないのですが、始めないといつまで経ってもヨブ記の説教はできないので、とにかく始めます。

人間とは？

「ヨブ記」が、何時何処で誰が誰に向かって何の目的で書かれた物語なのか。その件については様々な解釈があり、私は確定的なことは何も言えません。書かれた時代とか場所はわからないけれども、ヨブ記はユダヤ人がヘブライ語で書いたものであることは確実です。しかし、登場人物のヨブは「ウツの人」とされています。でも、ウツがどこを現すのかわかりません。しかし、それが何処であれ、ヨブがユダヤ人として描かれていないことは明らかです。ヨブは、ユダヤ人にとっては異邦人です。しかしそのヨブが、繰り返し「**無垢な正しい人で、神を畏れ、悪を避けて生きていた**」（一・一）と言われる。それはどうしてか。それが、ヨブ記の特長の一つであるという予感がします。

それ以外にも幾つかありますけれど、「ヨブ記」の作者は、その時代のユダヤ人が抱いていた「選民思想」とか、「応報思想」（因果応報思想）とかに批判的であり、むしろ強烈に「否」を唱えているのだと考えられます。ヨブ記の思想は「ユダヤ人とは何か」ではなく、より根源的に「人間とは何か」を問うことにあるのではないかと思います。

「人間とは何か」という問いを突き詰めていく時、「神とは何か」を考えざるをえません。人間は、自分で自分を造った訳ではないのですから。「神とは何か」を問うことが、人間とは何かを問うことに繋がります。だから、その両者の繋がりを持っていない思想は薄っぺらなものだと思います。

そして、神を問うことは、不条理を問うことに繋がっていきます。人間には理解できず、説明がつかない「苦しみ」が、個人においても、この世においても起こり続けるのはどうしてか、という問題です。また、そもそも「苦しみ」とは何であるかという問題も考えなければなりません。

この世には差別やとてつもない格差があります。そして、新型コロナウイルスに感染して肉体の命を失う人もいるし、そうでない人も大勢いる。その差が生じる理由は、私たちには分りません。本人の責任ではないのに、感染する人もいるし、そうでない人もいる。とんでもない貧困の中に生まれ、生涯貧困の中を生きざるをえない人もいるし、そうでない人もいる。過酷な戦場で生まれる人もいる。

神は、その現実をどう考えているのか。神は何もしないのか。あるいは、できないのか。そもそも、神にとって人間とは何か。この社会の中で、人間がすべきことは何なのか。そういった「不条理」とも言うべき問題を、「ヨブ記」はとことん追求しているのだと思います。それは「正解」など出ようがないのに、「正解」を求めて悪戦苦闘するようなものでしょう。そういった問題をとことん考えることなく、いわゆる信仰的な言葉で覆いかぶせて正解を得たような気になる。そういう「信仰的欺瞞」は、ヨブ記では許されないと思います。

そういうことを踏まえた上で、御一緒に「ヨブ記」を読み進めていきたいと思います。

ウツの地

ヨブ記は「**ウツの地にヨブという人がいた**」（一・一）という言葉で始まります。でも「**ウツの地**」が何処であるかは確定できないようです。三節に、ヨブは「**東の国一番の富豪であった**」と言われますが、「国」という言葉はなく「**この人は東の子らの中で最も大物であった**」（並木浩一訳）と訳せます。場所を具体的には記さず、ユダヤから見れば「東の方である」と書くことは意図的だと思います。

また、ヨブの系図はなく、父の名さえ記されません。現代の日本でも、由緒正しい家には何世代か遡れる系図があり、その系図が一定の役割を果たすことがあります。同族意識の強い社会では、その者がどういう者であるのかを示す意味でも、系図とか父の名を示し、育った場が何処かを示すことは重要なのです。しかし、そういったものがヨブには記されていません。つまり、ヨブの具体性をすべて取り去って、彼が何処に生きていようとも、父が誰であろうと、この世を生きている「一人の人間」として描いているのだと思います。

ヨブ　ヨブ記

ヨブは、ヘブライ語ではイーヨーブですが、「敵」を表すオーイェーブに由来するのではないかと推測されています。彼は「なぜだ、なぜだ」と神様に激しく問い、厳しく神と対峙したからです。とてつもない苦難が自分に与えられたことをきっかけにして、この世の様々な苦難の原因を、彼は神に問いました。彼は、あくまでも「神は正義（ヘブル語ではミシュパート）を行うべきだ」と考えているからです。しかし、この世には原因がわからない苦難がいくつもあり、神は正義を行っていないのではないか、無能なのではないかと思わざるをえなかったのです。

「わからないのに受け入れる」「わからないから受け入れる」という道を、彼は選ばなかった。とことん追求し、わかることはわかる、人間であるがゆえにわからないことはわからない。神とは何か、人間とは何か。苦難を通して、ヨブは神に問いつつ、そのことを考え続けるのです。それが「ヨブ記」の結論であるような気が、今はしています。つまり、それがヨブ記の結論なき結論であるように思います。〜〜が神だ。〜〜が人間だ。〜〜がヨブの間違いだ、が結論ではない。また、「人間は何もわからないんだ」という不可知論が結論でもない。わからなくても、神や人間について考え続けること、それが「ヨブ記」の結論のような気がします。

富

その続きの言葉は後に聴くことにして、今は二節、三節の言葉を読みます。そこにこうあります。

七人の息子と三人の娘を持ち、羊七千匹、らくだ三千頭、牛五百くびき、雌ろば五百頭の財産があり、使用人も非常に多かった。彼は東の国一番の富豪であった。

私たちも「四は死をイメージさせるから」とか、「九は苦しみをイメージさせるから」とか言って、ホテルの部屋番号などが三から五に飛んでいたり、八から十に飛んでいたりすることを知っています。おそらく、様々な国や民族で特別な数字があるのだろうと思います。ユダヤ人にとっては、三、五、七、十は「完全数」と呼ばれ、特別なもののようです。

ヨブの息子の数は七であり、娘の数は三です。そして、足した数は十です。家畜の数もそのことを意識しているし、牛は二頭を軛で繋いで使用するので五百軛と数えられ、ろばは五百頭と数えられています。それらはすべて、使用人がたくさんいたこととも合わせて、ヨブが東の子らの中で大金持ちだったことを表しています。

日本では、「貧乏である」ことが偉いことの徴になったりしますが、ユダヤ人の中では神の祝福なくして富は与えられないという考えもあります。その考えでいけば、富はヨブの信仰に対する神の祝福であるということになります。つまり、ヨブはその信仰の素晴らしさのゆえに莫大な富が与えられている、という想定です。

無垢？

そして、いよいよ一節後半の言葉に戻ります。そこにはこうあります。

無垢な正しい人で、神を畏れ、悪を避けて生きていた。

「無垢な」と訳された言葉はタームです。その言葉は、モラルや日常的な振る舞いの完全さを意味します。日本語にも「非の打ちどころがない」という言葉がありますけれど、そういうことだろうと思います。しかし、それは「罪を犯したことがない」ことではありません。

その点については、ヨブ自身がこう言っています。

「わたしに対して（神は）苦い定めを書き記し
若い日の罪をも今なお負わせられる。」（一三・二六）

「わたしが過ちを犯したのが事実だとしても
その過ちはわたし個人にとどまるのみだ。」（一九・四）

「無垢な人」と言うと、「生まれながらに罪など犯すはずがない人」というイメージがあると思います。しかし、ヨブ記に限らず、聖書は「人間は誰しも罪人である。神に背いたことがある」としています。その点で、「ヨブは例外的な人」とはしていないのです。罪とは関係がないとなれば、ヨブはいきなり空想的な存在になってしまい、リアリティーがなくなってしまいます。ヨブは嘗て罪を犯したことがあり、過ちを犯したことがある。それが、彼が人間であることの徴である。しかし、そのことが今のとてつもない苦しみの原因であり、理由になるのかと、神は昔の罪に対してこんな罰を与えるのかと、彼は言っているのです。

「無垢な」と訳された言葉は、「誠実」「全く」「潔白」「完全」と様々に訳されてきました。「罪を犯したことがない」ではなく、彼の人柄、行動が申し分ないということだと思います。

正しい　神への畏れ

「正しい人」は、神様の方に向かって真っ直ぐに歩む人という感じでしょう。ヘブライ人への手紙に、キリストの十字架の死が、罪人が神に向かう道を切り開いてくださったのだから、「**真心から神に近づこうではありませんか**」(一〇・二二)とあります。ヨブは、神様に向かった道をひたすらに歩んでいる人という意味だと思います。

「**神を畏れ**」は、「神を信じて生きている」という意味でしょう。しかし、その信仰が深ければ、彼が味わうことになる苦しみの理由が分らなくなり、この世の不条理ともいうべき現実がなぜあるのかもわからなくなります。神を信じれば信じるほど、苦しみが深くなる。ヨブには、そういう現実があると思います。

悪を避けて

信仰深い人は「**悪を避けて生きて**」いくことになります。「主の祈り」の中に「試みにあわせず、悪より救い出し給え」という言葉があります。本当にそうです。この世に、全身真っ黒で、尻尾の先が棘みたいになっている悪魔はいませんけれど、様々な形で悪魔の誘惑は私たちを襲って来ます。昨日の『日々の糧』に記されていた言葉は、「最も親しいものが他の神々に従って生きようと囁きかけてきても、頑として拒否せよ」というものでした。

この世の中では、様々な形で悪へと誘う誘惑があります。「これさえあれば、あなたは幸せになれるよ」と、語りかけてくるのです。富や地位や性などを用いて誘惑してきます。その誘惑に、一度も引っ掛かったことがない人はいないでしょう。しかし、その誘惑を悪と捉えることができた人、そして以後は悪を避けて生きるようになる人と、誘惑が悪であることがわからず、自分では善をしているつもりで悪を繰り返す人もいます。ヨブは、若き日には罪を犯し、過ちをしたことがありました。しかし、自分のやったことが悪だとわかり、以後は「**悪を避けて生きていた**」のです。そういう人間として、ヨブは紹介されています。ここから「ヨブ記」は始まります。

幻想

皆さんもご経験があると思いますが、この世にはキリスト者（クリスチャン）に対する幻想のようなものがあります。「クリスチャンは良い人だ」「教会に行っている人に悪い人はいない」という言葉は、何度も聞いてきました。もちろん、ここには「クリスチャンは偽善者だ」というある種の軽蔑がありま す。最近もクリスマスカードをたくさんいただきましたけれど、その中に私も非常に尊敬し、頼りにしている方からのものがありました。そのカードには「教会はエゴイストの集まりだと言わざるをえない」という言葉もあり、私も深く納得したことです。しかし、人間のエゴイズムの罪を人間以上に知っている神様が、いや、知っているからこそ、そこから私たちを救い出すために御子を地上に派遣されたのです。クリスマスの出来事も、そのことを表しています。

私たちは、気がつけば罪を犯してしまいます。「神の御心」ではなく、「自分の願望」の実現のために生きてしまうのです。私たちにおいては、「神の御心」と「自分の願望」がごっちゃになっていますから、自分では「神の御心」を実現させるために頑張っているのだと思いつつ、「自分の願望」を実現させるために頑張っていることがしょっちゅうあります。

神の義

ローマの信徒への手紙三章一〇節以下にこういう言葉あります。この手紙の書き手はパウロという人ですけれど、彼は詩編一四編の言葉を引用しながらこう言っています。飛ばしながら読ませていただきます。

「正しい者はいない。
一人もいない。
……
彼らは平和の道を知らない。
彼らの目には神への畏れがない。」

……
神はこのキリストを立て、その血によって信じる者のために罪を償う供え物となさいました。それは、今まで人が犯した罪を見逃して、神の義をお示しになるためです。このように神は忍耐してこられたが、今この時に義を示されたのは、御自分が正しい方であることを明らかにし、イエスを信じる者を義となさるためです。
（三・一〇〜二六抜粋）

私たちが「**平和**」と言うとき、それは戦争がない状態のことです。もちろん、そのこと自体、世界で実現したことはありません。この世には絶えず戦争があり、覇権争いがあります。なぜかと言えば、「**神への畏れがない**」からです。そういう者は「**平和の道を知らない**」のです。「自分が知らない」ということも知らないのです。当然、自分が神に赦されなければならない罪人であることも知らない。だから、悔い改めることなんてことがある訳ありません。

そういう罪人の世に、神様は御子を降したのです。何のために降したのか。罪のゆえに神に向かって歩むことができなくなった罪人を救うためです。つまり、罪人の罪を赦すためです。しかし、そのためには罪を犯したことがない無垢な人間が、罪人の罪を背負って神の裁きを受けなければいけなかった。キリストが十字架で血を流したのは、そのためです。

そして、「この方こそ、私の救い主（キリスト）です」と信仰を告白して自分の罪を悔い改める者を、神は救うこととされたのです。パウロは、そこに「**神の義が示されている**」と言いました。つまり、罪なき方を罪人として裁き、その信仰のゆえに罪人の罪を赦し、義を与え、神に向かう道を歩ませるところに、これまで誰も見たことがない「**神の義**」が示されていると言ったのです。聖霊によってこの信仰が与えられ、教会で信仰を告白することができるとき、キリスト者にされる洗礼が授けられ、罪人である私たちが神によって義とされる。

しかし、洗礼を授けられキリスト者にされて以後、私たちは義人となり、することなすことが「すべて正しい」なんてことがあるわけありません。しかし、キリスト者にされて以後、信仰をもって御言葉に親しんでいくならば、御言葉の中に神様の御心が示されていることがわかって来ることは事実です。そして、御言葉に親しむ中で、私たちの創造主である「アッバ、父」が喜ぶことをしたいと思うようになるのです。神の御心が自分の願望にされていくのです。そのようにして、私たちは次第に、神様から見て、完全な者、正しい人、神を畏れる人、悪を遠ざける人になっていくのだと思います。そして、少しでもそうなっていきたいと思います。

本日は聖餐式があります。神の御子イエス・キリストが私たち罪人を義とし、神に近づく道を歩めるように、十字架で肉を裂かれ、血を流してくださったのです。聖餐式はその恵みを記念し、祝うためにあります。そして、御子は父によって復活させられ、今は聖霊において私たちと共に生きてくださっています。私たちは聖餐式に与る度に、御子を通して示された神の愛によって罪赦され、新しく歩み始めることができます。本当に感謝です。今後も御言葉と共に聖餐に与りつつ、信仰をもって神に向かって歩んでいきたいと切に願います。


（二〇二二年一月二日）

心の中で神を呪った？

ヨブ記一章一節～五節

ウツの地にヨブという人がいた。無垢な正しい人で、神を畏れ、悪を避けて生きていた。七人の息子と三人の娘を持ち、羊七千匹、らくだ三千頭、牛五百くびき、雌ろば五百頭の財産があり、使用人も非常に多かった。彼は東の国一番の富豪であった。

息子たちはそれぞれ順番に、自分の家で宴会の用意をし、三人の姉妹も招いて食事をすることにしていた。この宴会が一巡りするごとに、ヨブは息子たちを呼び寄せて聖別し、朝早くから彼らの数に相当するいけにえをささげた。「息子たちが罪を犯し、心の中で神を呪ったかもしれない」と思ったからである。ヨブはいつもこのようにした。

先週、脳梗塞が再発して五日間入院しました。脳と指の連動が上手くいかず、前以上にタイプ打ちが上手くできないので、レジメで語ります。

ヨブの息子たち

息子たちはそれぞれ順番に、自分の家で宴会の用意をし、三人の姉妹も招いて食事をすることにして

いた。（一・四）

七人の息子たちは、三人の娘たちを招いて食事をしていました。彼らはヨブのお陰で極めて裕福であり、贅沢だったのです。そして、そういう彼らの境遇は、この世の現実とはかけ離れていました。

今回の入院でも感じましたが、病院や施設には病人や障がい者はたくさんいます。パラリンピックを見ても分りますように、生まれつき様々な障がいを持っている人もいます。そして、絶望してしまっている人もいれば、希望を持っている人もいます。この点については、目に見える障がいの有無は関係ありません。自分が生きていることは無意味だ、自分は役立たずだと思えば、人間は肉体的には病や障がいがなくても絶望してしまうのです。

いずれにしろ、ヨブの息子たちが社会の現実を見なければ、貧しい人はいないのと同じです。また、自分たちはそんな境遇に生まれなくてラッキーという感じだったのかもしれません。

「宴会」の一巡りにはどれ位の期間がかかったかはわかりません。ここでは、ヨブの子どもたちの裕福さや社会の現実に対する無神経さが強調されています。

ヨブの潔癖さ

それに対して、ヨブはあまりに潔癖です。そして、神経が濃やかです。

この宴会が一巡りするごとに、ヨブは息子たちを呼び寄せて聖別し、朝早くから彼らの数に相当するいけにえをささげた。（一・五）

「**聖別**」とは基本的に「別ける」ことです。神のものとして別けるのです。ここに、一人ずつに「**いけにえ**」（全焼祭）をささげたとあります。それは「罪の赦し」を神様に乞い願うものです。

しかし、いけにえをささげることは、エルサレム神殿がある時代、祭司だけに許されたことです。それを、異邦人であり祭司でもないヨブがやるということは、とんでもないことです。こういうところにも、ヨブ記の作者の祭司制度に対する批判があるのかもしれません。

また、ユダヤ人を律している律法は、外面に現れたことを罪として裁くものです。人間の内面は裁きようがありません。内面でどう考えていようとも、それは裁きようがありません。焼き尽くすささげものは、目に見える罪に対して執行されるものです。でも、ヨブは息子の内面の罪を問題にしています。

主イエス

イエス様は罪を内面から捉えています。皆さんもご存じだと思いますけれど、こうおっしゃっています。

「あなたがたも聞いているとおり、『姦淫するな』と命じられている。しかし、わたしは言っておく。みだらな思いで他人の妻を見る者はだれでも、既に心の中でその女を犯したのである。もし、右の目があなたをつまずかせるなら、えぐり出して捨ててしまいなさい。体の一部がなくなっても、全身が地獄に投げ込まれない方がましである。」

（マタイ五・二七～二九）

説教でも何度か言ったことはありますけれど、果実は、土壌が変わらなければ本質的には変わりません。土壌が変わり、幹、枝が変わっていき、果実が変わっていくのです。土壌が変わらねば、果実が本質的に変わることはありません。果実しか見えない人間は何処にでもいるものです。そして、私たちはしばしばそういう人間になってしまいます。そういう人は、林檎が駄目なら梨、梨が駄目なら桃と言うのです。しかし、何であれ物事は目に見える現象だけではなく、本質的に考えなければならないと思います。何でも、内面は外面と関係しているものです。よく政治家などが、「心にもないことを言った」とか、「皆さんを誤解させたのなら訂正する」とか言いますが、彼らは「心にあること」を言っているのです。

バーラク

ヨブは、こう言いました。

「息子たちが罪を犯し、心の中で神を呪ったかもしれない」と思ったからである。ヨブはいつもこのようにした。（一・五）

ここに出て来る「**呪った**」は、ヘブライ語ではバーラクという言葉です。この言葉は、「**祝福した**」とも訳される言葉で、一章だけでも四回出てきて、ヨブ記において重要な言葉です。

ヨブはこう思いました。

「息子たちが罪を犯し、心の中で神を呪ったかもしれない」と思ったからである。（心の中で神をたたえたかもしれない。）（並木浩一訳）

サタンは神様にこう言いました。

「彼の手の業をすべて祝福なさいます。お陰で、彼の家畜はその地に溢れるほどです。ひとつこの辺で、御手を伸ばして彼の財産に触れてごらんなさい。面と向かってあなたを呪うにちがいありません。」

（一・一〇〜一一）

ヨブはこう言っています。

「わたしは裸で母の胎を出た。裸でそこに帰ろう。主は与え、主は奪う。主の御名はほめたたえられよ。」

（一・二一）

ご覧のように、ヨブ記においてバーラクという言葉は一つのキーワードです。神を祝福するか、神を呪うか。神に祝福されていると思うか、神に呪われていると思うかは、一大問題です。そのことと、病や苦難などの問題が絡まってヨブ記が書かれていくことになります。

しかし、人間の言葉は本当に複雑です。たとえば、「あなたは、ほんとに賢いね」という言葉は、「あなたは、ほんとに馬鹿ね」という意味である場合もあります。その複雑さを捉えないと、話の本質がわかってこないのだと思います。

教会の信仰

話が飛ぶようですが、イエス様は、弟子たちに「**人々は私のことを何者だ**」（マタイ一六・一三）と言っているかを尋ねたことがあります。民衆はイエス様のことを、洗礼者ヨハネの生まれ変わりだとか、エレミヤの生まれ変わりだとか、預言者の一人だとか、と言っていたのです。イエス様が何者であるかは様々な解釈がある。つまり、わからないから、困惑しているのです。無理もありません。こんな人は他にいないのですから。

そのことを聞いた上で、イエス様は弟子たちにこうおっしゃいました。

「それでは、あなたがたはわたしを何者だと言うのか。」（マタイ一六・一五）

その問いに対して、弟子の筆頭株のペトロが「**あなたはメシア、生ける神の子です**」（同一六・一六）と、告白しました。

イエス様はその告白を聞いて、「この信仰はわたしの天の父が与えたものだ」（同一六・一七）とおっしゃいました。そして、「この信仰の上に、わたしの教会を建てる」（同一六・一八）とまで言われたのです。

受難のキリスト

このときから、イエスは、御自分が必ずエルサレムに行って、長老、祭司長、律法学者たちから多くの苦しみを受けて殺され、三日目に復活することになっている、と弟子たちに打ち明け始められた（同一六・二一）。

イエス様は弟子の信仰告白を聞いて、はじめて「**生ける神の子**」「**メシア（キリスト）**」とは、どういう者であるかを語り始めたのです。

メシアは、首都エルサレムで、長老や祭司長など社会の指導者たちから苦しめられて殺され、三日目に復活することになっている、とおっしゃったのです。それは、まさに受難のメシア（キリスト）です。

それを聞いて、ペトロはこう言いました。

「**主よ、とんでもないことです。そんなことがあってはなりません。**」（同一六・二二）

彼にとっての「**生ける神の子、メシア**」は受難のメシア（王）ではなかったし、民衆が心に抱いているメシアも受難のメシアでないことは言うまでもありません。

ペトロ自身も気づいていないと思いますが、彼にとっての「**生ける神の子、メシア**」とは、彼に従属する者なのです。彼はイエス様に服従しながら、実はイエス様を服従させているのです。「自分の願ったキリスト」でなければ困るのです。だから、「キリストが願っている自分」なんて考えていないのです。

心の中で神を呪った？

こういう罪を犯すことができるのは、キリスト者だけでしょう。説教でもよく言いますが、私たちはしばしば「教会という名のこの世」を作り出すものです。

そういうペトロに向かって、イエス様はこうおっしゃいました。

「サタン、引き下がれ。あなたはわたしの邪魔をする者。神のことを思わず、人間のことを思っている。」（同一六・二三）

地上の教会の姿がここにあると思います。人間（罪人）集団としての教会です。
その後のイエス様の言葉はこういうものです。

「わたしについて来たい者は、自分を捨て、自分の十字架を背負って、わたしに従いなさい。（中略）人は、たとえ全世界を手に入れても、自分の命を失ったら、何の得があろうか。自分の命を買い戻すのに、どんな代価を支払えようか。」（同一六・二四～二六抜粋）

問題は「自分の命」です。
皆さんもご覧になっていると思いますけれど、例年、各地の神社で新年の願掛けがなされています。無病息災、商売繁盛。誰しも健康を求め、富を求めます。当然のことです。しかし、健康や富で、「人間の命」は養われるのか？　間違ったものを求めて、むしろ失っているのではないか。

命を養うとは

イエス様はこうおっしゃいました。

「わたしについて来たい者は、自分を捨て、自分の十字架を背負って、わたしに従いなさい。」
（同一六・二四）

「**神の口から出る一つ一つの言葉**」（同四・四）に従うとは、そういうことです。
しかし、この言葉をその通り生きたのはイエス様です。私たち人間には、イエス様のようにはできません。イエス様こそ「**自分を捨て、自分の十字架を背負って**」（同一六・二四）、私たちに「命」を与えてくださいました。

イエス様の死と私たちの命

イエス様は、罪人ではないのに神様からの裁きを受けてくださいました。十字架の死で、私たちの罪の赦しのためのいけにえとなってくださったのです。父なる神様は、そのイエス様を復活させ、天に挙げられ、「主」とされた。罪と死に完全に勝利されたのです。そして、父と子が送る聖霊によって、「**この方こそ生ける神の子。メシアである**」という信仰を与えられた者は、神と共に生きる新しい命に生かされる。そしてそこに、「**神の祝福**」があるのです。
私たちキリスト者は、その祝福を受けた者です。心からの感謝をもって、心でも体でも、イエス様において現れた神様の祝福を証していきたいと思います。

（二〇二二年一月九日）

利益もないのに神を敬うか

ヨブ記一章六節〜一一節

ある日、主の前に神の使いたちが集まり、サタンも来た。主はサタンに言われた。

「お前はどこから来た。」

「地上を巡回しておりました。ほうぼうを歩きまわっていました」とサタンは答えた。

主はサタンに言われた。

「お前はわたしの僕ヨブに気づいたか。地上に彼ほどの者はいまい。無垢な正しい人で、神を畏れ、悪を避けて生きている。」

サタンは答えた。

「ヨブが、利益もないのに神を敬うでしょうか。あなたは彼とその一族、全財産を守っておられるではありませんか。彼の手の業をすべて祝福なさいます。お陰で、彼の家畜はその地に溢れるほどです。ひとつこの辺で、御手を伸ばして彼の財産に触れてごらんなさい。面と向かってあなたを呪うにちがいありません。」

分断

最近感じることは、「世界は分断が烈しくなってきたな」ということです。その原因の一つは、権力闘争をしながら独裁的な支配をする者たちが増えてきたことにあるでしょう。ある解説者が言っていたことですが、「独裁的傾向が強まれば強まるほど『猜疑心』が強まる」のです。結果として、側近を解任したり粛清したりする。世界の至る所で、そういうことが起こっています。

秩序を保つためには、トップは頻繁に代わるべきではないと思います。でも、一人の人間の独裁が広がることは、その人間と周囲の人々にとって都合の良い秩序の形成や固定化が促されます。必然的に、下々の者はずっと上流階級のために働くことになり、「それもどうかな」と思います。

確か、紀元前のペルシャ帝国の王が「王の目、王の耳」を民衆の中に派遣しました。様々な民族や言語が飛び交う大国を支配するためには、王の願いや意志を民衆に伝える上意下達だけでなく、民衆の願望などを王が知る必要があります。ベクトルは上から下だけではなく、下から上にあがることが良い支配をするためには必要です。

しかし、その支配は結局武力を背景にしたものであるということ。そのことを、私たちは忘れてはいけません。

（一・六）

天上の会議

本日の箇所には、「天上の会議」のイメージが使われています。それは物語の中で、そのイメージが使われているのであって、「実際にそういう会議がある」と言っている訳ではありません。

ある日、主の前に神の使いたちが集まり、サタンも来た。

「**神の使い**」は、直訳すれば「神の子たち」です。下位の神々であり、神と同等ではありません。その天上の会議に、サタンがやって来ました。「サタン」は、新約聖書では「ディアボロス」（悪魔）と混在しています。ここでは、パトローラーの意味です。しかし、彼は神から派遣されたのではありませんから、神への報告「義務」があるわけではありません。彼らは、ある面、神から独立した存在です。

神は、そういう存在を持っているということでもあります。いわゆる「イエスマン」だけが神の周りにいるわけではありません。「サタンは神の判断に対して疑問を提示する」（並木浩一『ヨブ記注解』一〇四頁）と、あります。そういう存在を持っていることが、実は神様が「自由」であることを示していると思います。この点は追々語っていくことになるでしょう。とにかく、神は、独裁者でも絶対君主でもなく、イエスマンだけが周りにいるわけではないのです。

神の信頼

主は、地上の方々を歩き回ってきたサタンにこう言われました。

「**お前はわたしの僕ヨブに気づいたか。地上に彼ほどの者はいまい。無垢な正しい人で、神を畏れ、悪を避けて生きている。**」（一・八）

以前も言いましたように、タームを「無垢」と訳すと、ヨブは生まれた時から罪などを犯さないという感じになります。そうではなく「性格も業も非の打ちどころがない」ことでしょう。

ここに神様のヨブへの信頼が現れていると思います。信頼は、「義務」ではなく「自由な意志」から生じるものです。だから、裏切られることもあります。しかし、それが信頼というものでしょう。「**わたしの僕ヨブ**」という言い方に、ヨブに対する神様の信頼が現れていると思います。この言葉は、ヨブ記の最初と最後に出てきます（一・八、二・三、四二・七、八）。納得がいってもいかなくても、イエス、イエス（はい、はい）と言って服従するのが真の「僕」（エベド）ではないでしょう。

ヨブは、神様に向かって「なぜ、なぜ」と言い、「神は公義（ミシュパート）を行うべきなのに、行ってはいないではないか。私が神より正しいのだ」と言い、神に抗議しました。「無駄だ」と思いながらも抗議し続けました。彼の視線は、絶えず神に向かっているのです。

それに対して、三人の友人たちは、神様の側に立ち、応報思想によってヨブをたしなめました。彼らの主観は、自分たちは神を弁護する神の僕だ、というものです。彼らは「自分たちは、神の考えはわかっている」と思っており、それが「僕の姿」だと思っているのです。それは、尤もなことです。しかし、はたしてそうなのでしょうか？

神様は、ご自身に疑義を呈し、自らの正しさを主張するヨブを、終始一貫して「わたしの僕」と呼びます。神様が信頼するのは、激しい苦しみや、不条理と言うべき格差などの現実を味わいつつ、「わからないことはわからない」と言い、「神は公義を行うべきなのに行ってはいないではないか」と、声高に語るヨブなのです。

利益もないのに

サタンは、こう言いました。

「ヨブが、利益もないのに神を敬うでしょうか。」

ここでサタンは「**利益もないのに**」と言います。これは原語では「ヒンナーム」と言い、「理由もなく」や「いたずらに」と訳されます。

この国には「ご利益信仰」という言葉があります。賽銭を少し箱に投げ入れ、願望が叶いますようにと祈る。ギヴ&テイクの信仰です。信仰の底流には人間の願望（ニード）がある。ご利益がなければ、神を変える。上辺《うわべ》は僕の姿をしながら、実際は、神よりも上の立場に立っている。それが人間の信仰だ、とサタンは言うのです。

愛も理由がある？

先日観たワイドショーでは、こんなニュースが報道されていました。

「第一子誕生後に、夫が遺伝性の難病だとわかった。でも、子どもは絶対に二人欲しい。だから、第二子の男親も、東大卒の夫に見合った男でなければならない。そこで学歴の高い男の精子をネットで探した」というのです。そして、「嘘で塗り固めたドナーと肉体関係を十回ほどもって妊娠した。中絶不可になった時期にドナーの嘘（外国人、既婚者、学歴詐称）がわかった。子は出産したけれど、本人はショックで入院し、子どもは施設に入れられている。そして、ドナーに三億円以上の慰謝料を請求して訴訟を起こした」。

私には、コメントしようがありません。でも、愛にも理由があることはわかります。昔、夫の条件は三高《さんこう》と言われました。「背が高い、年収が高い、学歴が高い」。そういうことが、結婚の条件なのです。

結婚する理由は、そういう条件にある。だとすれば、そこに競争社会が生まれ、「落ちこぼれ」と呼ばれる人が出て来るでしょう。

とにかく、信仰や愛の底流に人間の願望に基づく条件があり、その願望が決定的なのか。そして、それが神や人選びの基準になるのかと思います。そもそも、神とか、人とかは、自分が選ぶのでしょうか。

祝福　呪い

サタンの言葉の続きは、こうです。


「あなたは彼とその一族、全財産を守っておられるではありませんか。彼の手の業をすべて祝福なさいます。お陰で、彼の家畜はその地に溢れるほどです。ひとつこの辺で、御手を伸ばして彼の財産に触れてごらんなさい。面と向かってあなたを呪うにちがいありません。」

（一・九）


要するに、サタンは「信仰の理由」をなくせと言っているのです。神が御利益をたくさん与えているから、ヨブは神様を崇めているにすぎない。人間が、理由もなく神を崇めるはずがないじゃないか、と言っているのです。

ここに「**呪うにちがいありません**」とあります。「**呪う**」はヘブル語ではバーラクで「**呪う**」の正反対である「**祝福する**」とも訳されます。だから、バーラクをどう訳すかは、ヨブ記をどう解釈するかと関係します。ある人は「**面と向かって讃えるに決まっています**」と訳します。

実際、言葉では祝福しながら、実は呪っていることもあります。人間の言葉は複雑ですし、心の内部では呪っているからこそ、言葉では「讃えるに決まっている」場合もあります。また、私たちは自分の心を完全に知ってはいないということもありますし、人間の心は時間の経過の中で変化していくこともあります。一定ではないのです。

神の業の否定

この後、ヨブの全財産が奪われ、十人の子が皆死んでしまうということが起こります。その時、ヨブはこう言いました。

「わたしは裸で母の胎を出た。
裸でそこに帰ろう。
主は与え、主は奪う。
主の御名はほめたたえられよ。」（一・二一）

そして、こう続きます。

このような時にも、ヨブは神を非難することなく、罪を犯さなかった。

「**ほめたたえられよ**」と訳された言葉は、原語はバーラクです。ここで、ヨブは神を非難せず、罪を犯さなかったのかもしれません。言葉上では「**呪って**」はいないからです。しかし、三章以降では、ヨブは神の創造の業を真っ向から否定していきます。少し読みます。

やがてヨブは口を開き、自分の生まれた日を呪って、言った。
わたしの生まれた日は消えうせよ。
男の子をみごもったことを告げた夜も。
その日は闇となれ。
神が上から顧みることなく
光もこれを輝かすな。
（三・一～四）

一章二一節では、「**神を讃え**」る言葉を使ってはいます。しかし、「**ほめたたえられよ**」というヨブの言葉の中にも、いろいろな思いがあるのではないか、と思います。

全財産を失うということは、途轍もないことです。顔面蒼白になるようなことです。さらに、十人の子が皆死んでしまうということは、想像すらできない悲惨なことです。そういう尋常ならざる現実を前にして、ヨブは平静でいられるはずもないでしょう。

いずれにしても、サタンがヨブにしたことは苛烈を極めること。神が自分と共にいるとか、神は自分を愛していると信じることなど到底できないのではないか。サタンは、神の愛を信じる信仰の理由をヨブから奪い去り、ヨブを「わたしの僕」という理由も、神からなくしたかったのではないかと思います。

人間の願望　サタン

ここまでヨブ記を読んできて、思い浮かぶのはマタイ福音書四章三節以下などに出てくる出来事です。そこでイエス様は、悪魔（ディアボロス）から誘惑を受けるために「霊」に導かれて荒野に行きました。そこで四十日間断食した時、悪魔が出てきてこう言いました。

「神の子なら、これらの石がパンになるように命じたらどうだ。」（四・三）

この言葉は空っ腹のイエス様を誘惑する言葉であると同時に、人々は経済的富を求めているし、その富を与える限りその存在を「神の子」だともてはやすものだ、と言っているのです。実は、人々の願望に従う「神の子」になるのか否かという本質的な誘惑がここにあります。

イエス様の返答はこういうものでした。

「『人はパンだけで生きるものではない。
神の口から出る一つ一つの言葉で生きる』
と書いてある。」（四・四）

悪魔は、ぐうの音も出ませんでした。

その後、悪魔はイエス様を神殿の屋根の端に立たせ、飛び降りたら神が助けてくださると書いてある、と詩編の言葉を引用して誘惑します。

それに対するイエス様の返答は、こういうものです。

「『あなたの神である主を試してはならない』とも書いてある。」（四・七）

「神の子」として、神様に愛されているのかを試したらどうだ、と悪魔は言っているのでしょう。この言葉は、神様の愛を「疑ったらどうだ」と言っているのです。

ヨブに与えられた経験は、神様に呪われているとしか思えないものです。ヨブほど悲惨でなくとも、神様が自分を愛しているとは思えない。そういう時が、人生の中で起きることがあります。その時に、愛をどう考えているのか、神をどう考えているのかが明らかにされるのでしょう。

その問題は後でふれます。

それから、悪魔は高い山にイエス様を連れて行き、世界中の繁栄を見せ、自分を拝むなら、この繁栄をすべてあげようと言います。

ここに御利益信仰があります。それは、僕の姿を取りつつ、結局、神の上に立つ信仰です。ご利益をくれるかどうかを基準として、人間が神を取捨選択する。いや、経済的富を求めて、神々を自ら作り出すのが人間です。結局、偶像崇拝するのです。そして、偶像崇拝は悪魔崇拝に行き着くのです。そのことに気づかせないのが悪魔です。

イエス様の返答は、こういうものでした。

「退け、サタン。
『あなたの神である主を拝み、
ただ主に仕えよ』

利益もないのに神を敬うか

と書いてある。」

（四・一〇）

「サタン」と「悪魔」（ディアボロス）は、この段階では、交換可能です。いずれも、神への信仰に生きる理由を無くし、神に愛されていると思わせなくする存在です。結果として、人間から、「神の子」「神の僕」の姿を奪うのです。

現象に目を向けさせる

先日、「本のひろば」という書評誌が送られて来ました。その中に、昨年出版された拙著『ルカ福音書を読もう　下』の書評が出ており、ある言葉が引用されていました。

「**悪魔は私たちの目を現象に向けさせ、その現象を生み出すものに向けさせません。そして、今の問題に目を向けさせ、世の終わりに向けさせません**」。

書いた本人は、文章のことはすっかり忘れていましたけれど、内容については、私は完全に同意します。サタンは、今の現象を見せて、これさえあればあなたは幸せになれる、と思わせます。つまり、私たちを錯覚させ、幻想を抱かせるのです。

ヨブ記に出てくるサタンは、こう言っています。

「神様も、ヨブを『**わたしの僕**』としてエコ贔屓し、大金持ちにしているではないですか。そして、『ヨブほどの信仰者は地上にいない』などと神は言っている。しかし、ヨブが神を信じているのは、神様の祝福のおかげではないか。祝福しておいて、ヨブのことを『**わたしの僕**』と言っている。おかしなことだ。ヨブの全財産と十人の子どもの命を奪ってしまえば、ヨブはあなたの愛を信じる理由がなくなり、信仰を捨てる。もしくは信仰を失うでしょう。そして、神様は彼を『**わたしの僕**』とし、『**彼は完全で、まっすぐであり、神を畏れ、悪を遠ざけているのだ**』（並木訳）と言う理由を失うでしょう」。

結局、人間の信仰は理由あってのことであり、突き詰めていけば、偶像崇拝であり悪魔崇拝になると言っているのです。

選び

しかし、はたしてそうなのでしょうか。ヨハネ福音書の中に、こういう言葉があります。

「**あなたがたがわたしを選んだのではない。わたしがあなたがたを選んだ。**」

（一五・一六）

言うまでもなく、弟子たちに（教会に来ている者たち）に対するイエス様の言葉です。イエス様は、サタンの誘惑を突っぱねることができるお方です。そのお方の「選び」は、誰かが操作できるのでしょうか。

もう一つ、聖書の言葉を読みます。

聖霊によらなければ、だれも「イエスは主である」とは言えないのです。

（Ⅰコリント一二・三）

信仰は聖霊によって与えられたものです。聖霊は人間が操作できるのでしょうか。私たちは神様に選ばれ、聖霊によって信仰が与えられたのです。キリストの十字架と復活に現れた神の愛と力に捕らわれて、私たちは信仰が与えられたのです。これ以上の愛も、これ以上の力もありません。私たちは、その愛と力を信じているのです。「**神を畏れる**」とは、そういうことです。

私たちは、経済的な富を与えられたから神様を信じているのではないし、健康が与えられたから神様を信じているのでもありません。神様が自由な意志をもって私たちを選び、信仰を与えてくださったのです。私たちが神様を選んだのではないし、神様が私たちを一人ひとり選び、教会へと招いてくださったから、私たちは今ここにいるのです。

十字架　復活

そこに私たちの罪を負い、その赦しために、私たちに替わって十字架で裁きを受けてくださったイエス・キリストの愛と、イエス・キリストを死人の中から復活させた全能の神の力があるのです。私たちは、このイエス・キリストを信じ、そこに現れた神の愛を全身全霊で証するべく選ばれているのです。罪が赦されたことにより、私たちは神様に向かって歩むことができるようになり、イエス・キリストを通して神様が与えてくださった福音を、それぞれの賜物に応じて証できるようにされたのです。本当に感謝なことです。

（二〇二二年一月十六日）

主は与え、主は取り給う

ヨブ記一章一二節～二二節

主はサタンに言われた。

「それでは、彼のものを一切、お前のいいようにしてみるがよい。ただし彼には、手を出すな。」

サタンは主のもとから出て行った。

ヨブの息子、娘が、長兄の家で宴会を開いていた日のことである。ヨブのもとに、一人の召使いが報告に来た。

「御報告いたします。わたしどもが、牛に畑を耕させ、その傍らでろばに草を食べさせておりますと、シェバ人が襲いかかり、略奪していきました。牧童たちは切り殺され、わたしひとりだけ逃げのびて参りました。」

彼が話し終らないうちに、また一人が来て言った。

「御報告いたします。天から神の火が降って、羊も羊飼いも焼け死んでしまいました。わたしひとりだけ逃げのびて参りました。」

彼が話し終らないうちに、また一人来て言った。

「御報告いたします。カルデア人が三部隊に分かれてらくだの群れを襲い、奪っていきました。牧童たちは切り殺され、わたしひとりだけ逃げのびて参りました。」

彼が話し終らないうちに、更にもう一人来て言った。

「御報告いたします。御長男のお宅で、御子息、御息女の皆様が宴会を開いておられました。すると、荒れ野の方から大風が来て四方から吹きつけ、家は倒れ、若い方々は死んでしまわれました。わたしひとりだけ逃げのびて参りました。」

ヨブは立ち上がり、衣を裂き、髪をそり落とし、地にひれ伏して言った。

「わたしは裸で母の胎を出た。
裸でそこに帰ろう。
主は与え、主は奪う。
主の御名はほめたたえられよ。」

このような時にも、ヨブは神を非難することなく、罪を犯さなかった。

不条理

先日、ワイドショーのインタビューの中で、ある脚本家がこんなことを言っていました。

「誰もが心の中では思っているけれど、誰もが口にするわけではない思いがある。そういうものを書きたい」。

ヨブ記は、ある面で、誰しもが思っていることを問題にしているのだと思います。しかし、その問題に対する不動の正解を出すわけではない。「そのことは自分で考えろ、他人に頼るな」と、言っているような気がします。そして、誰にでも適用できる正解などない、と思います。

ヨブ記の一つの問題は、不条理でしょう。

「この世には、どうしてこんな苦難があるのかわからない。そして、考えられない苦難が延々と続くのはどうしてか。神様がいるのなら、こういう苦難がある世界を早くなくせば良いのに、神様は何もしないではないか。あるいは何もできないのではないか。そうだとすれば、そんな神様なんていなくて良いのではないか」。

そういう思いは、誰しもが持っているものです。しかし、これは正解のない問いです。苦難の理由とか意味とかを、他人から教わったり、自分で整理を付けて納得したりしてしまえば、それで「終わり」です。しかし、その苦難の意味は底知れず深いものです。それは苦しみ続ける中で知らされていくものだと思いますけれど、でもそれが「終わり」ではないのです。

死　命　向き合う苦悩

先日、今から三十七年前の一九八五年に起きた御巣鷹山日航機墜落事故に関するドキュメンタリー番組を録画で観ました。中心的な登場人物はその事故で八歳の次男を失くした母親と、彼女の最近の文章を読みながら何度も絵を描き直し、一つの絵本を作り上げた画家の女性です。母親は、「お祝い」のつもりで次男を一人で飛行機に乗せてしまったことを悔います。そして、事故後、次男が何処に行ってしまったのかわからず、迷子になった気分でおり、三十七年前に死んでしまった次男と会いたい、と今でも切望しています。

その切望は叶うわけがありません。それはわかっている。時間は戻らないことはわかっている。でも、「会いたい」。それは「息子と繋がっていたい」ということでしょう。
子どもが自分よりも先に死んでしまう。それも「さようなら」も言われず、自分も「さようなら」と言えぬまま死んでしまう。その子どもの死の責任の一端は、自分にあるのではないかという思い。そういう思いを抱えながら、妻として二人の子の母として日常を生き続ける。最近、彼女は絵本の文章を書き、画家がそれを見て描いてきた絵を見て、何度も訂正させつつ、自分の文章を作り上げていくのです。その様にして、次男の死と向き合い、自分の生と向き合うのです。絵本が完成するまでにゆうに三十年以上掛かっている。「失敗だった」と整理してしまえば、そんなことはありえません。
その番組の最後の方で、彼女はこう言っていました。

「愛しているから悲しいんだ」。

私もそう思います。どうでも良い相手なら、「悲しみ」は湧いてこないし、三十年以上経っても「悲しみ」が深まり続け、次男の死と自分の生に今も向き合うなんてことは起きないでしょう。彼女が今も悲しいのは、今でも次男を愛しているからです。

主とサタンの対話

本日はヨブ記一・一二からです。読ませていただきます。

主はサタンに言われた。「それでは、彼のものを一切、お前のいいようにしてみるがよい。ただし彼

には、手を出すな。」サタンは主のもとから出て行った。

これは、主とサタンの対話であり、ヨブを初めとして彼の子どもたちも誰も知らないことです。この後、ヨブは全財産を失い、七人の息子、三人の娘は皆死んでしまいます。途轍もないことです。そして、わけのわからぬことです。しかし、そういうことがこの地上では起こり続けています。その点については、また後にふれます。今は、その先を読みたいと思います。

ヨブは悪を避けて生きてきたのに

ヨブの息子、娘が、長兄の家で宴会を開いていた日のことである。（一・一三）

ヨブの子どもたちが、どれ位の頻度で宴会を開いていたのかはわかりません。でも、家父長制の社会にあって、その宴会に家父であるヨブがいないのは通常のことではないようです。こういうところに**「悪を避けて生きていた」**（一・一）というヨブの姿があるようにも思います。ヨブは、宴会の席で**「息子たちが罪を犯し、心の中で神を呪ったかもしれない」**（一・五）と思ったのかもしれません。そして、宴会が一巡りした後は、息子たち全員を呼び寄せて、彼らが心の中で犯したかもしれない罪の赦しを願う「いけにえ」（焼き尽くすささげもの）をささげたのです。しかし、そのヨブが全財産を失うことになり、十人の子どもたち全員が死ぬという経験をすることになります。そこに家父長制社会や儀式批判が込められているのかもしれません。

巻き添えの死

この物語はヨブの物語ですから、様々なことは「ヨブにおいてどうだったか」という視点で語られています。しかし、少しわき道に逸れるようですが、「**牧童たち**」や「**羊飼い**」や宴会の世話をしていた人々や、牛、ろば、羊、ラクダは主とサタンの対話の結果、無残に死んだり、略奪されたりしていきます。主とサタンの間で問題になっているのは、ヨブの信仰です。子どもの命や家畜の命ではありません。しかし、彼らが死ぬ、殺されるのです。そういう巻き添えを食うのです。彼らは、殺されなければならない理由なんて少しもありません。しかし、虐殺されてしまう。天災にあって死んでしまう。そういうことは、いつの時代にもありますし、世界中のさまざまな所であります。

そういう不条理が何時の時代でも起こります。そういう正解のない問題を正視しつつヨブ記は進んでいきます。

人災、自然災害、礼拝

本日の箇所は「**シェバ人**」「**カルデヤ人**」という人災が二つ、「**神の火**」(雷鳴)、「**大風**」という天災が二つになっています。現代に至るまで、この二つは災害の代表的なものです。

その災害に遭ってヨブの全財産が失われ、十人の子どもが皆死んだのです。そのことを「**ひとりだけ逃げのびて**」(一・一五)来た者によって、ヨブは知らされました。まさに驚天動地、空前絶後の出来事です。ヨブの心はどんなだったのでしょうか。

ヨブは立ち上がり、衣を裂き、髪をそり落とし、地にひれ伏して言った。(一・二〇)

「**衣を裂き**」も「**髪をそり落とし**」も、胸が張り裂けんばかりの悲しみを表します。その表現が重なるように書いてありますから、彼の悲しみの深さは大きなものだったと思います。たとえ、子どもたちが親の心を知らぬ、いわゆるドラ息子や娘であったとしても、子は子です。ヨブの悲しみは物凄く深かったでしょう。

もちろん、こういう思いは他人に言ってもわかってもらえませんし、空しいことです。

能力?

「**地にひれ伏す**」とは、「神を礼拝する」という意味です。その礼拝の中で、ヨブが言ったこと、それは、こういうものです。

「わたしは裸で母の胎を出た。
裸でそこに帰ろう。
主は与え、主は奪う。
主の御名はほめたたえられよ。」

この言葉は、多くの人の印象に残っている言葉です。「ヨブ記」と言えば、この言葉と、二・一〇の「**わたしたちは、神から幸福をいただいたのだから、不幸もいただこうではないか**」を結論のように思っている人は多いでしょう。それは当たらずとも遠からずだ、と私も思います。

「何を言うかも大事だけれど、誰が言うかはもっと大事だ」と、私はしばしば言います。同じことを、今のヨブが言うのと、神と出会った後のヨブが言うのとでは言葉は同じでも意味は違うと思います。ある言い方をすれば、ヨブは非常な苦悩を経て、この言葉に帰って来るように思います。

それはそれとして、

「わたしは裸で母の胎を出た。
裸でそこに帰ろう。」（一・二一）

とは、どういう意味でしょうか。

私たちの世界では、能力をつけることが評価されます。いわゆる、「できる人」「使える人」になるべく、学校をはじめ様々な所で教育がされます。それはそれとして大事なことです。でも、こういう言葉もあります。

「棺桶に金は入れられない。」

それは、人間は裸一貫で生まれてきて死んでいくものだ、生きているときの財産とか身分がどうであれ、人間は裸で死んでいくのだ、ということでしょう。それはそれで確かなことです。順調にいったとしても、人間の能力などは次第に衰えていきます。病気のせいもありますが、私も仕事量に限って言えば、嘗ての半分位になりました。これから益々その傾向が進んでいくと思います。それはこの世における価値の低下を意味するでしょうが、人間の価値の低下を意味するのでしょうか。

「そこ」とは？

「そこに帰ろう」とありますが、「そこ」とはどこなのでしょう。もちろん、裸で母の胎に帰れるわけがないし、ヨブはそんなことを言ってはいないでしょう。それでは、何を言っているのでしょうか。ヨブ記の特色でもあるのですが、ヨブが何を言っているのかを確定できないことがよくあるのです。それは次の言葉でもそうです。

「主は与え、主は奪う。
主の御名はほめたたえられよ。」　（一・二一）

主はヨブに何を与え、ヨブから何を奪うのか。そして「**ほめたたえられよ**」と訳されていますけれど、それはバーラクという言葉で、「**祝福されよ**」とも「**呪われよ**」とも訳されます。しかし、私たちは「祝福されよ」と言いながら「呪われよ」と言っていることもありますし、その逆のこともあります。「そこ」は何を意味しているのか、「**主の御名はほめたたえられよ**」とは、どういう意味なのか。「そういうことは読者が自分で考えろ」と、言われているような気がします。一冊の註解書や神学書に書いてあることを、安易に「正解」のようにしてはいけないのだと思います。

神の自由、ヨブの自由

問題の一つは、神とは何かであり、人間とは何か、です。神とは「自由」な方です。神は人間の願望に拘束されて、人間の願望どおり行動するわけではありません。そのように御利益を与える方ではないのです。私はこういう言葉をしょっちゅう思い出します。

「わたしは恵もうと思う者を恵み、憐れもうとする者を憐れむ。」

（出エジプト三三・一九）

誰を恵み、誰を憐れむかは神様の意思に関わることであり、人間が決めることではないのです。人間には気に入らなくても、神様が決めたことは神様が決めたことです。そこに神様の「自由」がある。だからこそ、神に似せて造られた人間も「自由」なのです。ヨブのようなとんでもないことを経験しても、「自分は神様に愛されていると信じる」のも、「神様はとんでもない誤りを犯している」、「自分は神に愛されていないんだ」と考えるのも、「自由」なのです。つまり、道は一つではない。そして、この時のヨブがどう感じたのか、この時のヨブの言葉は何を意味しているのか、「それは、読者よ、自分で考えろ」と言われているのだと思います。

理由、目的

今の私は、ヨブは激しい動揺、悲しみの中で、全財産を奪うことも、十人の子どもの命を奪うことも、主がやったことだと確信していたと思います。彼は、サタンと主の天上の対話は知らないのです。不幸の理由も知らないし、目的も知らない。そういうものがあるのかも知らないのです。しかし、この出来事は人災、天災で済まされることではない。そういう災害の奥に主の業、主の意図がある。彼がそう確信をしていることは確かだと思います。しかし、なぜこういうことがあるのか、なぜこういうことが自分に起こるのか、その理由、その目的は何か。そういったことは、全くわからない。この時のヨブは、そういう感じなんだろうと思います。それはそれで、よくわかります。

天上と地上

イエス様は、こういう譬話をなさいました。
ある金持ちの畑が、穀物を置く場所がないほどの豊作になったのです。そこで金持ちは大きな蔵を建ててそこに穀物を仕舞い込み、こう言いました。

「さあ、これから先何年も生きて行くだけの蓄えができたぞ。ひと休みして、食べたり飲んだりして楽しめ。」
（ルカ一二・一九）

しかし、神様はこうおっしゃった。

「愚かな者よ、今夜、お前の命は取り上げられる。お前が用意した物は、いったいだれのものになるのか。」
（一二・二〇）

そして、イエス様は、最後にこう言われました。

「自分のために富を積んでも、神の前に豊かにならない者はこのとおりだ。」
（一二・二一）

「神の前に豊かになる」とはどういうことでしょうか。神様の前で豊かでなければ、この世の富をいくら持っていても少しも豊かではないということでしょう。だから、象徴的に言えば、天上と地上では全く違う秩序があるのです。

そして、私たちは聖霊によって信仰を与えられ、地上を生きながら、天上の秩序を生きる者とされたのです。「天上の命」を地上で生きる者とされたのです。

わたしたちの本国は天

聖霊によって与えられた「信仰」とは何でしょう。それは私たちが神の前で豊かに生きることができるようにと、神が地上に派遣してくださった御子をキリスト（救い主）と信じる信仰です。神様はご自身に逆らう罪人を赦して、ご自分に向かう道を歩ませるために、御子を天上から派遣されたのです。

そして、御子が死ぬほどの苦しみの中で、「十字架の死以外に罪人を救う道があればそうしてください。あなたは何でもできる方ですから。でも、あなたの望みどおりのことをしてください」とゲツセマネで祈った時、神は沈黙していました。それが答えなのです。沈黙は、どんな時でも無反応というわけではありません。沈黙で答えることもあります。

主イエスは、私たちに代わって、私たちの罪に対する神の裁きを十字架で受けてくださいました。神様は、そういうイエス様を復活させ、天に挙げられ、そこで「主」となさったのです。この方が、自分のキリスト（救い主）であるという信仰が与えられる時、「**わたしたちの本国は天にあります**」（フィリピ三・二〇）と言えるようになります。だから、今の私にとって、「そこ」は「天」です。主は、私たちのそれまでの命を奪い、神の道を歩む命を与えてくださったのです。私たちは、「**天で御心がなるよう**

に、地でもなりますように」と、主の祈りで祈るように、少しでも神様の愛に生きる者でありたいと思います。そういう命を与えられたのですから。

（二〇二二年一月二十三日）

不幸をもいただこうではないか

ヨブ記二章一節〜一〇節

またある日、主の前に神の使いたちが集まり、サタンも来て、主の前に進み出た。

主はサタンに言われた。

「お前はどこから来た。」

「地上を巡回しておりました。ほうぼうを歩きまわっていました」とサタンは答えた。

主はサタンに言われた。

「お前はわたしの僕ヨブに気づいたか。地上に彼ほどの者はいまい。無垢な正しい人で、神を畏れ、悪を避けて生きている。お前は理由もなく、わたしを唆して彼を破滅させようとしたが、彼はどこまでも無垢だ。」

サタンは答えた。

「皮には皮を、と申します。まして命のためには全財産を差し出すものです。手を伸ばして彼の骨と肉に触れてごらんなさい。面と向かってあなたを呪うにちがいありません。」

主はサタンに言われた。

「それでは、彼をお前のいいようにするがよい。ただし、命だけは奪うな。」

サタンは主の前から出て行った。サタンはヨブに手を下し、頭のてっぺんから足の裏までひどい皮膚病にかからせた。ヨブは灰の中に座り、素焼きのかけらで体中をかきむしった。

彼の妻は、

「どこまでも無垢でいるのですか。神を呪って、死ぬ方がましでしょう」と言ったが、ヨブは答えた。

「お前まで愚かなことを言うのか。わたしたちは、神から幸福をいただいたのだから、不幸もいただこうではないか。」

このようになっても、彼は唇をもって罪を犯すことをしなかった。

サタンの言葉

一節にはこうあります。

またある日、主の前に神の使いたちが集まり、サタンも来て、主の前に進み出た。（二・一）

二回目の天上の会議です。もちろん主が中心ですが、サタンも「**神の使いたち**」の一人です。地上の人間でヨブほど信仰深い人間はいない、と主は思っており、彼のことを「**わたしの僕**」と言っています。それに対してサタンは、何かの利益を求めて（理由があって）信仰するのが人間であり、ご利益もないのに人間が神を敬ったりすることはない、と言うのです。現にヨブの子は十人もおり、財産としての家畜もたくさんいる。そして、子どもたちは順番に宴会を開いたりしているのです。それは、神様がヨブを特別に祝福しているからだとサタンは思っています。

だからサタンは、主にこう言うのです。

「ひとつこの辺で、御手を伸ばして彼の財産に触れてごらんなさい。面と向かってあなたを呪うにちがいありません。」
（一・一一）

主はサタンに、ヨブその人に一切危害を加えなければ、「いいようにしてみるがよい」（一・一二）と言うのです。主のお許しが出たサタンは、ヨブの全財産と十人の子ども全員の命、そして巻き添えを食った牧童たちの命のすべてを奪います。そして、全財産を奪いました。考えただけでも恐ろしいことです。ヨブは、文字どおりいきなり裸一貫になってしまったのです。これは実に大変なことです。

主は与え、主は奪う

しかしその時、ヨブはこう言いました。

「わたしは裸で母の胎を出た。
裸でそこに帰ろう。
主は与え、主は奪う。
主の御名はほめたたえられよ。」
（一・二一）

すごい言葉です。彼は、財産も子どもたちも、すべて主が与えたものだと思っている。そして今、その主が、それらのものを奪ったのだ、と思っている。そして、「**主の御名はほめたたえられよ**」と言うのです。

先日の説教の際にも言いましたが「**ほめたたえられよ**」とはバーラクという言葉が使われています。それは、「**祝福されよ**」の意です。しかし、その反対の意でもある「**呪われよ**」とも訳されます。ヨブ記を読んでいて思うのですが、ここでヨブはどう考えていたのか判然としない箇所がいくつもあります。そして、私たちは「呪われよ」という意味を込めて、「祝福されよ」と言うこともあります。だから、この絶望的な状況の中でのヨブの言葉は、何を意味するのかと考えてしまいます。ヨブは、この時、どう感じていたのだろうか。

罪

この後の言葉は、こういうものです。

このような時にも、ヨブは神を非難することなく、罪を犯さなかった。（一・二二）

「**罪を犯す**」とは、ハーターという言葉ですが、元来「的を外れる」を意味するそうです。的を目掛けて放たれた弓矢の矢が、的から大きくずれることが背景にある。神に向かうべき私たちが、いつしか的を大きく外してしまう。自分の欲求の実現のために生きてしまう。そこに、例外はない。口では「自分は罪人です」と言ってはいても、自分の欲求を実現するために生きていますし、大体の人はそもそも「自分は罪人なんかではない」と思っています。そう思っていること自体「罪の僕」の姿なのですが、自分ではわからないのが常です。

とにかく、このような時にも、ヨブは「**主は与え、主は奪う**」と言い、その眼差しはひたすら主に向かい、「**主の御名はほめたたえられよ**」と言っている。そういう意味で、この時のヨブは「**罪を犯さなかった**」のです。

なぜ、何のために、これらを主が奪ったのか。それはわからない。今の自分にはその意味とか目的とかはわからなくても、主が奪ったことは確かなのだから、いつかわかる。そして、主こそ自分のことを最もよく知っており、自分に対して最も良いことをしてくれたのだ。この時のヨブは、そう思っていたのかもしれません。それが本当だとして、何でそんな風に思えるのかは私たちにはわかりません。

人間の信仰

話を二回目の天上の会議に戻します。その会議の模様は、基本的に一回目の会議と同じです。でも、今回はサタンが「主の前に進み出」（二・一）ました。彼は、主との賭けに負けたのです。でも、彼にはまだ言いたいことがあるのです。

主も、言いたいことがありました。地上を巡回していたというサタンに、主はこう言われました。

「**お前はわたしの僕ヨブに気づいたか。地上に彼ほどの者はいまい。無垢な正しい人で、神を畏れ、悪を避けて生きている。お前は理由もなく、わたしを唆して彼を破滅させようとしたが、彼はどこまでも無垢だ。**」（二・三）

これも一回目の天上の会議で、サタンに言った言葉とほぼ同じですが、サタンは「人間が神を崇めるのは利益を求めてのことだ」と言い、神の許可のもとで、ヨブの全財産、十人の子どもの命をヨブから奪ったことを受けて、「**お前は理由もなく**（ヒンナーム）、**わたしを唆して彼を破滅させようとした**」（二・三）とあります。主にしてみれば、サタンの言い分はヨブには当てはまらないのです。ヨブは、あくまでも「**わたしの僕**」だからです。ヨブは「**無垢な正しい人**」（二・三）なのです。

潔癖

私たちが礼拝で使用している「聖書 新共同訳」では、「無垢」という言葉が二度使われています。しかし、原文では「**無垢な正しい人**」の「無垢」は原語ではタームで、「完全さ」を表します。一回も罪を犯したことがないイノセント（無垢）ということではありません。

「**彼はどこまでも無垢だ**」の「**無垢**」は、テゥースという言葉で、元はタームと同じですが、「潔癖」とか「高潔」とかに訳されています。つまり、「これほどの目に遭ってもヨブの信仰は揺らがない。人間にもこういう存在がいるのだ。彼の信仰はご利益信仰などではない」と、主は言っているのです。

しかし、サタンはこう言い返しました。

「皮には皮を、と申します。まして命のためには全財産を差し出すものです。手を伸ばして彼の骨と肉に触れてごらんなさい。面と向かってあなたを呪うにちがいありません。」（二・四）

裸服

「**皮には皮を**」という言い方はわかりにくい表現ですが、意味は「**まして命のためには全財産を差し出すものです**」（二・四）でしょう。

新年を迎えるとこの国の多くの人々は、神社に初詣に行きます。そこで、「健康が一番だから、今年も健康でいられますようにと祈ってきた」と言います。尤もな願いだと思います。「健康」は「命」と不可分です。健康を祈るとは、「今年も元気に生きられますように」と祈るということでしょう。

私は二〇一四年一一月末に脳梗塞を発症し、三つの病院や施設に一年一か月も入院とか入所してしまいました。初台にあるリハビリセンターに入っていたときのことです。そこは、週に二回とか三回とかお風呂の時間があるのです。当然裸になります。当時の私は、まだ一人ではお風呂に入れないので仕方ありません。浴槽が二つあって二人がそれぞれの浴槽に入るのですけれど、時に同室の方と一緒になることがありました。その方は病気する前までは新聞屋の店長でした。そういうこともあったと思いますが、自分以外の人は従業員だと思って、しばしば私を指さしながら大声でどなるのです。裸の時に、いきなり指をさされて叱られると本当に怖く怯えてしまいます。

その時、服はファッションとか自己主張の意味だけでなく、様々な意味で防御の意味があるのだなと実感しました。日本語でも「裸の付き合い」という言葉は、「本心をさらけ出しても安心だ」ということを表します。

考えてみたら、神様はアダムにエデンの園の中央に生えている「**命の木**」と「**善悪を知る木**」の実を食べてはいけない、と言われました。しかし、エバは蛇に唆されて善悪の知識の実を食べました。そして、アダムに渡すと、彼も食べました。それまで、彼らは裸でした。しかし、この時にそれができなくなり、イチジクの木の葉を綴り合せて腰に巻いたのです。それまでは、互いに防御する必要がなかったのに、実を食べた後、彼らは「人は怖いのだ」と知ったのです。また人の本心は自己中心な考え方（エゴイズム）であることを知った。互いに本心を隠す必要性が出てきて、イチジクの木の葉を腰に巻いたのでしょう。

このままでは、彼らは「命の木」の実も食べ、どんどん人間の姿を失ってしまう。どんどん的外れなことをして、罪を深めてしまう。神様はそう思ったのでしょう。そして、彼らをエデンの園から追放しました。その時、神様は「**皮の衣を作って（アダムとエバに）着せられた**」（創世三・二一）とあります。この世の中は、裸では生きていけないからだと思います。ヨブ記のこの箇所の背景には、この話があると思います。

サタンの言葉

「**ヨブは表面的には信仰深いことを言っていますけれど、彼が健康を損ねたりすれば、面と向かって神様を呪うに違いありません。一番大事なのは、健康に守られている命であって、あなたではありませんから**」。

サタンは、主にそう言ったのです。主はカチンときたでしょう。そして、こう言います。

「**それでは、彼をお前のいいようにするがよい。ただし、命だけは奪うな。**」（二・六）

この言葉を引き出して、サタンは喜んで主の前から出ていき、ヨブに手を下しました。彼はヨブの「**頭のてっぺんから足の裏までひどい皮膚病にかからせた**」（二・八）のです。当然、ヨブは家にいられなくなり、汚れた者として、彼が住んでいた町の中にもいられなくなり、それまで持っていた地位も位もなくなりましたし、人々から受けていた尊敬もなくなったのです。彼は町の外で「**灰の中に座り、素焼きのかけらで体中をかきむしった**」(二・八)のです。悲惨の極み、と言うべきことです。

ヨブには、自分がそうなる原因も理由も目的もわかりませんでした。体に与えられた苦しみも身分の激変も大変なことです。それと同時に、自分がこういう目に遭う理由がわからない。目的もわからない。でも、これは単なる偶然ではなく、神様が何らの理由をもってやったに違いない。しかし、その理由が、ヨブにはわからない。神様の御心が何かがわからない。その苦しみが、彼にはあるのだと思います。そしてそれは、途轍もなくヨブを苦しめるものだったと思います。

妻の言葉

そのヨブに、彼の妻はこう言いました。

「**どこまでも無垢でいるのですか。神を呪って、死ぬ方がましでしょう。**」(二・九)

ヨブの妻は冷淡だとか、悪女だとか言われたりします。しかし、彼女はずっとヨブと一緒にいた人です。町に住み、莫大な財産があり、家族にも恵まれ、身分も位も高く、人々からも慕われ、尊敬されていた時から、町の外に追い出され、すべての役職を失い、汚れた者として、人々からも毛嫌いされる皮膚病にかかって苦しんでいるヨブ。何もかも神様がやったに違いないと思いつつ、しかし、神様の意図がわからず苦しんでいる夫の姿をじっと間近で見つつ、ヨブの傍近くで支えてきたのは、ヨブの妻です。

その彼女が、こう言っているのです。

「どこまで神様に向かって潔白（テゥマー）なのですか。神様があなたを愛しているのなら、こんな苦しみを与えないでしょうに。それなのに、あなたは、まだ『主が与え、主が奪う』なんて言っている。もういい加減、主を呪って死ぬことを通して、この苦しみから逃れてください」。

彼女は、ヨブを見捨ててこう言っているのではありません。彼女は、ヨブとずっと一緒に生きてきて、彼の喜び、彼の苦しみを共にしてきたからこそ、こう言っているのです。

先日、夫婦で牧師をやっている方が寄ってくれて、いろいろな話をしました。妻の方は、今は亡き恩師の牧師から良い感化を受けた方ですが、彼女はこう言いました。

「私の恩師が牧師として活躍できたのも、彼を支えてくれた妻がいたからです。今回、久しぶりに奥様に会えることが嬉しいです」。

本当にそう思います。ヨブは、妻の支えなしに生きてきたわけではないと思います。そのことをヨブも自覚していたでしょう。その彼が、こう言うのです。

「お前まで愚かなことを言うのか。わたしたちは、神から幸福をいただいたのだから、不幸もいただこうではないか。」（二・一〇）

妻の言うことは尤もです。何よりもヨブを愛している人の言葉です。そのことをヨブは重々わかっています。でも、神の愛を疑うことはできない。もし、神の愛を疑ってしまうなら、神様に問いかけることもできなくなるからでしょう。でも、神様の愛は不可解なものです。ヨブは、天上における主とサタンの対話など全く知りません。どういうわけかわからないけれど、裸一貫になってしまい、全身酷い皮膚病になってしまい、灰の上に座り、素焼きの破片で体中をかきむしっている。自分は最早、社会の中で生きる人間ではない。そのことを神様がやったに違いない。しかし、その理由がわからない、その目的がわからない。それでも、神様の自分への愛を疑うことはできない。そのことが、彼の苦しみを深めていくのだと思います。

唇をもって

こう続きます。

このようになっても、彼は唇をもって罪を犯すことをしなかった。（二・一〇）

一・二二にはこうありました。

このような時にも、ヨブは神を非難することなく、罪を犯さなかった。（一・二二）

ほとんど同じです。でも微妙に違う。一章では「**ヨブは神を非難することなく、罪を犯さなかった**」とありますが、二章では、「**彼は唇をもって罪を犯すことをしなかった**」とあります。「唇をもって罪を犯さなかった」とは、言葉では罪を犯さなかったということです。だから、言葉では言わないけれど、彼の内面では、様々な怒りや、疑問が湧いてきたということでしょう。そういったものが「唇」から溢れ出てくるのは、七日が経ってからのことです。この七日も一定の期間を表すのであって、「七日」という時間のことではありません。

皆さんも経験しておられるでしょうが、ある出来事の真相がわかるのには時間がかかります。それも考え続けることでかかる時間です。いつも言いますように「あれは失敗だった」と簡単に整理してしまえば、それで終わりです。しかし、なぜ神は自分にこういう境遇を与えたのか。何を目的としていることなのか。ヨブは、そのことがわからないから考え続けます。

神の愛

最後に、ローマの信徒への手紙に書かれている言葉を飛ばしつつ読ませていただきます。

だれが、キリストの愛からわたしたちを引き離すことができましょう。艱難か。苦しみか。迫害か。飢えか。裸か。危険か。剣か。(中略)

しかし、これらすべてのことにおいて、わたしたちは、わたしたちを愛してくださる方によって輝かしい勝利を収めています。(中略)わたしは確信しています。死も、命も、天使も、支配するものも、現在のものも、未来のものも、力あるものも、高い所にいるものも、低い所にいるものも、他のどんな被造物も、わたしたちの主キリスト・イエスによって示された神の愛から、わたしたちを引き離すことはできないのです。

（八・三六〜三九抜粋）

私たちはこれから聖餐にあずかります。それは私たちの罪が赦され、私たちが新たに神様に向かって生きることができるようにと十字架に架けられて死に、死人の中から復活させられたイエス・キリストが、今も私たちの中心に生きてくださっていることを表しています。そして、イエス・キリストは、命をささげて私たちを愛してくださっていることを示しているのです。そして、人間はこういう神の愛で愛されていることを、私たちを通して現そうとしてくださっているのです。

（二〇二二年二月六日）

話しかけることもできなかった

ヨブ記二章一一節～一三節

さて、ヨブと親しいテマン人エリファズ、シュア人ビルダド、ナアマ人ツォファルの三人は、ヨブにふりかかった災難の一部始終を聞くと、見舞い慰めようと相談して、それぞれの国からやって来た。遠くからヨブを見ると、それと見分けられないほどの姿になっていたので、嘆きの声をあげ、衣を裂き、天に向かって塵を振りまき、頭にかぶった。彼らは七日七晩、ヨブと共に地面に座っていたが、その激しい苦痛を見ると、話しかけることもできなかった。

家族　友

昨今のニュースは、オミクロン株関係と北京オリンピック関係のことが中心になっています。選手たちがインタビューで語る言葉を聞きながら、いろいろなことを考えさせられます。何人かの方はこう語っていました。

「今の自分があるのは、これまで応援し続けてくれた人たちのお陰です。」

応援が自分を支えてくれる。そして、力が出てくる。そういう人もいるでしょう。しかし、逆に、そういう応援がプレッシャーになり、次第に委縮してしまうという人もいます。

また、「家族の支えが大きかった」と言う人もいます。「家族はどんな時も味方してくれた」と。しかし、「家族」もいろいろです。少しも支えにならない場合もありますし、「遠い親戚より、近くの友」という言葉もあります。

本日の箇所から、ヨブの三人の友が登場します。三章からヨブの独白が始まり、それがヨブと友人たちとの論争になっていき、その部分がヨブ記の前半を形成していきます。だけれど、ヨブの三人の友人たちに対する私たちのイメージは、応報主義に凝り固まった教条主義者というものだと思います。そういう面は確かにあると思います。しかし、最初の場面は、少なくとも私のイメージとはかけ離れたものです。

ヨブの友人たち

本日の箇所は、このような言葉で始まります。

さて、ヨブと親しいテマン人エリファズ、シュア人ビルダド、ナアマ人ツォファルの三人は、ヨブにふりかかった災難の一部始終を聞くと、見舞い慰めようと相談して、それぞれの国からやって来た。

（二・一一）

この三人の出身地とかは、エリファズを除いて不明だそうです。「作者の意図でそうなっている」、と言われます。ヨブ記はユダヤ人の言語であるヘブライ語で書かれていますから、当然、読者はユダヤ人であることを想定して書かれたものです。ですから、当時のユダヤ教の礼拝とか信仰が前提とされています。そして、ユダヤ人には「自分たちは神に選ばれた選民だ、異邦人は律法を持たないがゆえに神に見捨てられた民だ」という「選民意識」が背景にあり、作者はそういうものを批判していると思います。

作者は、ヨブを「一人の人間」として描いていますから、この三人も何かの民族に属する人ではなく、「一人の人間」として登場するのだと思います。そして、彼らが当時のユダヤ教にあった応報主義的にものを考えることは次第に明らかになってきますけれど、それは別に変ったことではありません。日本に限らず、世界中に因果応報的な思想はあります。それは、原因と結果は繋がっているものだという考え方です。何か悪いことをしたから悪いことが起きたのだという考えは、合理的であり、よくわかるのです。

そういう応報主義でいけば、ヨブは神様がお怒りになる重大な罪を犯したから、こういう目に遭わされたのだということになります。その問題をめぐってヨブと友人たちとの論戦がありますけれど、今は今の三人の友人たちの姿に注目していきたいと思います。

振りかかる

ここに「**ヨブに振りかかった災難**」とあります。「人生は、思いどおりにはいかないものだ」とか、「一寸先は闇だ」とか言われます。それは本当のことです。普段は人生の主人は自分であるかのように生きている、何でも思いどおりになると思っている。しかし、私たちはいつ何時病気や事故に遭うかもしれません。人生の主人ではないのです。私たちは先のことは何もわかりません。だから、様々な「保険」があるのだとも思います。

先のことがわからないだけでなく、「災い」は何のために振りかかったのか。それがわからないということもあります。

『ボケますからよろしくお願いします』という題の映画があるようで、私は今から楽しみにしています。よく夫婦で、「先にボケた方が勝ちだ」ということを、半ば冗談で半ば本気で話すことがあります。ボケれば、何のためかわからないと苦しむ必要はないでしょう。苦労はボケた人の世話をする人にあるのであって、それは「よろしくお願いします」と言うほかにありません。

ヨブの場合、意識はしっかりしているのです。幸か不幸か、彼は少しもボケていない。だから彼は苦しみます。


「自分に振りかかってきた災難は、主が与えたものであるに違いない。私は、それを受ける。しかし、この災いは何のために与えられたのか、その理由を教えて欲しい。でも主は沈黙している。だからわからない。なぜだ、なぜだ。」

ヨブは、そのような思いをもって苦しんでいる。三人の友人たちは、そのことを理解していたかどうかはわかりません。しかし、彼らはヨブに振りかかった災難を聞くことになりました。テレビも新聞もなく、当然、携帯電話もインターネットもない時代です。ヨブに振りかかった災難のことを聞き、三人が落ち合って、ヨブがいるウツの地に着くにはそれなりの時間がかかったでしょう。

見舞い、慰める

彼らはヨブを「**見舞う**」ため、「**慰める**」ために、はるばるやって来たのです。それだけでも、彼らの友情の厚さを思います。そして、こう続きます。

> **遠くからヨブを見ると、それと見分けられないほどの姿になっていたので、嘆きの声をあげ、衣を裂き、天に向かって塵を振りまき、頭にかぶった。**（二・一二）

ヨブは、大金持ちでしたし、町の中で人々に尊敬されていた人です。彼の信仰は立派で、そのゆえに神様から祝福され、家族にも富にも恵まれた人です。この時、何歳だったかわかりませんけれど、そういう人として生きていたヨブが、頭のてっぺんから足の裏まで、原因不明の皮膚病に侵される。神様の裁きを受ける。そして、町からは追い出され、灰の上で素焼きのかけらで体中を掻きむしっている。そういう姿は、これまでのヨブとは思えない姿だと思います。

そのヨブの姿を見て、彼らは「**嘆きの声をあげ、衣を裂き、天に向かって塵を振りまき、頭にかぶった**」（二・一二）のです。

七日七晩

そして、どうしたか。

彼らは七日七晩、ヨブと共に地面に座っていたが、その激しい苦痛を見ると、話しかけることもでき

なかった。（二・一三）

「七日七晩」を、文字どおりに理解する必要はありません。「七日七晩」は死者に対する哀悼をささげる期間のようです。そのことを重んじれば、ヨブは死んだ者としてここに座っているということかもしれません。

しかし、友人たちは七晩が過ぎたら立ち上がろうとしている訳ではないでしょう。長い間、彼らは話しかけることもできず、嘆きの声をあげつつ、衣を裂き、天に向かって塵を振りまき、その塵を頭にかぶりながら、ヨブと共に地面に座ったのです。それがヨブを見舞い、慰めるために来た彼らのしたことです。

ヨブも、自分に起こったことが何であるか、沈黙の中で悶々と考え続けたのです。

兄弟姉妹　知人

ここに、見舞う、慰める、共にという言葉が出てきます。これらの言葉は、ヨブ記の最後である四二章一一節にも出てきます。

兄弟姉妹、かつての知人たちがこぞって彼のもとを訪れ、食事を共にし、主が下されたすべての災いについていたわり慰め、それぞれ銀一ケシタと金の環一つを贈った。（四二・一一）

有名人になると、「急に親族が増えたり、知り合いが増える」とはよく言われることです。ヨブの病気が治り、彼が大金持ちになると、それまで「あの人のことは知らない」とか言っていた「**兄弟姉妹**」とか「**知人**」とかが急に親しげに出てきて彼と食事を共にし、彼をいたわり（原文ではヌード、二・一一「見舞う」と同じ）**慰める**ために集まって来るのです。

　言葉は同じでも、目的は全く違います。彼らは、恐るべき皮膚病にかかっているヨブには近寄りもしなかったのです。皮膚病は内臓の病と違って目に見えるし、何よりも神に罪が裁かれていることの徴でもありました。模範的な信仰者として人々の尊敬を受けていたヨブが、神に呪われた罪人として町の外に追い出され、灰の上で素焼きのかけらで全身を掻いている。その時、決してヨブを見舞ったり、慰めようとしてこなかった「兄弟姉妹」や「知人」が、ヨブの病気が治って、とてつもない財産を得ると、食事を共にし、「大変だったな」と、いたわり、慰めるのです。

　そして、「**それぞれ銀一ケシタと金の環一つを贈った**」のです。しかし、それはもっと得るためのです。ギブ&テイクの信仰、まさにご利益信仰と同じです。

友人たち

　昨日「信徒の友」という雑誌の三月号が送られて来ました。その月の特集は「ヨブ記を読もう」というものです。編集者から「私とヨブ記」という題で文章を書ける人を紹介して欲しい、と言われました。そこで、山梨教会で五年弱続けて来たヨブ記聖書研究会にずっと出席してこられた方たちの中からOさんを紹介して、書いていただくことになりました。また、最近『ヨブ記注解』を出された並木浩一氏と旧約学者でもある小友聡氏の対談もあり、以前から楽しみにしていたものです。

　その雑誌の中に、臨床心理士の女性が書いた文章がありました。その方はこう書いていました。

「この三人の友の姿は、人に寄り添う究極の姿です。（中略）カウンセリングの回数を重ね、少しずつ相談者がご自身のことを整理できていく中で『何も言わないで、ただ聴いてくださったことがありがたかった』と言われた。」とありました。

誰かが一緒にいてくれるだけで、人は慰められ癒されることを思います。ただし、「黙って聴く」ということはとても難しいことです。

三人の友人たちは、ヨブに振りかかった災難を聞き、それぞれの所から出てきて落ち合い、ヨブを「**見舞い**」「**慰める**」ためにはるばるやって来たのです。そして、見る影もないほど醜くなったヨブの姿を見て絶句したのです。言葉も出なかった。ただ「**嘆きの声をあげ、衣を裂き、天に向かって塵を振りまき、頭にかぶり**」「**七日七晩、ヨブと共に地面に座っていたが、その激しい苦痛を見ると、話しかけることもできなかった**」のです。決まりきった応報主義など出てこない。ここには、まさに「他人に寄り添う究極の姿がある」と思います。

別人？

皆さんもお感じになるかと思うのですが、二章のヨブと三章以降のヨブは「別人」と言ってよいほどに違います。そして彼の友人たちも「別人」かと思うほどに違います。

人間の中には、「全く違うものが混在しているものだ」とも言えますし、「人間は変わるものだ」とも言えるでしょう。

ちなみに、イエス様は人間に関してこう言われました。

蝮の子らよ、あなたたちは悪い人間であるのに、どうして良いことが言えようか。人の口からは、心にあふれていることが出て来るのである。

（マタイ一二・三四）

ヨブの友人たちの心の奥底に、自分たちも気がつかないような嫉妬と羨望があったのかもしれません。また、「主は、ヨブのことを『**わたしの僕**』と言うけれど、ヨブは主の御心は何でもわかり、受け入れられるわけではない。主は不可解なことをすることがある。そのような疑念とか不安をヨブは抱えている」。サタンは、そう言っているのではないでしょうか。

よく「心にもないことを言いました」という釈明会見などをテレビで見ます。しかし、「心にもないことではなく、心にあること」が出てきたのです。そのことを自分が知らないだけ、知っていても人に知られたらまずいと思って誤魔化しているのです。

先程の主イエスの言葉の先には、こうあります。

言っておくが、人は自分の話したつまらない言葉についてもすべて、裁きの日には責任を問われる。あなたは、自分の言葉によって義とされ、また、自分の言葉によって罪ある者とされる。

（マタイ一二・三六〜三七）

私たちは誰だって、自分の言葉に「**責任を問われ**」れば罪ある者とされるのではないでしょうか。私たちは自分のことを本当には知らないし、自分の言葉や業が何を意味するかを本当には知らないし、その結果も知らないで生きているからです。

私はしばしば「最後の審判」を考えます。そして、どう考えても神の前に一人で立てない自分であることを思わざるをえません。「口は災いの元」という言葉がありますが、自分のつまらない言葉、自分のつまらない行為は、神の裁きを受けざるをえないものです。ですから、どう考えても自分は救われない。そう思わざるをえません。

インマヌエル

御子は、罪を犯したことがありません。その御子が、私たちの罪を背負って私たちの代わりに神の裁きを受けてくださったのです。

イエス様は、十字架の上でこう呻かれました。

「わが神、わが神、なぜわたしをお見捨てになったのですか。」（マタイ二七・四六）

神に見捨てられるという「裁き」を神の子が受けてくださった。父なる神は、罪を犯したことがない方を罪人として裁かれたのです。そして、この方を復活させ、天に挙げ、「主」とされた。

マタイ福音書に、イエス様の誕生はインマヌエルが女から生まれたのだとあります。インマヌエルとは「**神は我々と共におられる**」という意味です。神様が罪人と共にいる。罪人を見捨てない。彼らの罪を赦す。新しく生かす。それは、イエス様が罪人の代わりに神の裁きを受けてくださったからです。だから、イエス様は私たちの「救い主」なのです。

私たちは、自分の人格の高潔さを誇って一人で神様の前に立てるわけがありません。言ってみれば、私たちはイエス様の服をつかんで立つのです。

「**私はこの方を私の救い主と信じています。この方と一緒だから、あなたの前に立てます**」。

ここに究極的な「慰め」があるのです。この方は、いつも私たちと共にいてくださいます。私たちが、肉眼ではなく、信仰をもって見ることができるならそれがわかります。

本日は、マタイ福音書の最後を読んで終わります。

イエスは、近寄って来て言われた。

「わたしは天と地の一切の権能を授かっている。だから、あなたがたは行って、すべての民をわたしの弟子にしなさい。彼らに父と子と聖霊の名によって洗礼を授け、あなたがたに命じておいたことをすべて守るように教えなさい。わたしは世の終わりまで、いつもあなたがたと共にいる。」

（マタイ二八・一八〜二〇）

（二〇二二年二月十三日）

その日は闇となれ

やがてヨブは口を開き、自分の生まれた日を呪って、言った。
わたしの生まれた日は消えうせよ。
男の子をみごもったことを告げた夜も。
その日は闇となれ。神が上から顧みることなく
光もこれを輝かすな。
暗黒と死の闇がその日を贖って取り戻すがよい。
密雲がその上に立ちこめ
昼の暗い影に脅かされよ。
闇がその夜をとらえ
その夜は年の日々に加えられず
月の一日に数えられることのないように。
その夜は、はらむことなく
喜びの声もあがるな。
日に呪いをかける者
レビヤタンを呼び起こす力ある者が

ヨブ記三章一節〜一〇節

その日を呪うがよい。
その日には、夕べの星も光を失い
待ち望んでも光は射さず
曙のまばたきを見ることもないように。
その日が、わたしをみごもるべき腹の戸を閉ざさず
この目から労苦を隠してくれなかったから。

幸福　不幸

いよいよ三章に入ってきました。皆さんもおわかりのように、三章から文体はこれまでの散文から詩文に代わり、それが四二・六まで続きます。四二・七〜一七は再び散文になり、終わります。散文の一章二章は、神とサタンの対話が軸になります。「人間は何かの利益を求めて神を信仰するのだ」というサタンの言葉を受けて、神様がヨブの命を奪わなければ何をしても良いとサタンに言ったので、ヨブの全財産が奪われ、十人の子どもたちはすべて死んでしまい、彼自身、頭のてっぺんから足の裏まで皮膚病に罹り、町の外の灰の上で陶器の破片で体中を掻かねば居ても立ってもいられなくなったのです。ヨブは、言語を絶するような悲惨な目に遭うことになったのです。

しかし、ヨブは

「わたしは裸で母の胎を出た。
裸でそこに帰ろう。
主は与え、主は奪う。

主の御名はほめたたえられよ。」（一・二一）

と言い、神を呪って（祝福して）死になさい、と言う妻に対して、「お前まで愚かなことを言うのか。わたしたちは、神から幸福をいただいたのだから、不幸もいただこうではないか。」（二・一〇）と言うのです。

各地からやって来た三人の友人たちは、現在のヨブの悲惨な姿を見て、嘆き、ヨブと共に地面に座ることしかできませんでした。それから七日七晩（長い時間）が経って、三章が始まるのです。その間、ヨブも友人たちも沈黙しているのですが、漫然と沈黙していたわけがありません。ヨブは、沈黙の中で、自分に起こったことの理由を考え続けていたでしょう。なぜ、こんなことが起こるのか。なぜ、災いに遭う人と遭わない人がいるのか。神様も間違うことがあるのか。なぜこんなことが起こったのかを、神様は説明しないのかなど。ヨブの中には様々な疑問、怒り、悲しみが沸き起こってきたと思います。

最近、何かと話題になっている『ドライブ・マイ・カー』という映画あります。不倫を繰り返し犯し、「今夜話したいことがある」と言い残して、その晩にくも膜下出血で急逝してしまった妻に対する思いを主人公である夫が口にする場面があります。口にする相手は、彼の車を運転してきた若い女性に対してです。なぜ、そういうことを彼女に口にできたかと言えば、人格障がいをもっているとしか思えない彼女の母親に対して、彼女が非常に複雑な思いをもち、苦しんでいることを知ったからです。そういう彼女に話す自分の言葉を聞きながら、彼は自分の内部にこんな悲しみや怒りがあったことを知るのです。「言葉」というものは、わかってもらえない人には話せないものです。そして、話しながら自分の心の奥底にあった思いや考えを、初めて知ることがあると思います。

世界はいつまで続く？

三章から始まる詩文は、四二・六まで続きます。その間にヨブと三人の友人たちとの論争があり、後代の付加と思われるエリフの弁論があります。そして三八章から神の弁論があり、ヨブの応答がありま す。そして四二・七から枠物語としての散文が始まり、四二・一七で終わります。それぞれの部分に何が記されているかを、今後読み進めていく中で、共々に知らされていきたいと願っています。

本日は一〇節までです。ここも様々に考えさせられるところです。私はよく説教で、「人間は自分の生まれた意義、生きている意味を考えるものだ」と言います。同時に人間は「目の前に広がる世界の意味」を考えています。昨日まで冬季オリンピックの競技が開かれていましたが、そこでもスポーツと政治、スポーツと国家の意味を考えさせられました。また今は、ウクライナをめぐる緊迫度が増していま す。昔から、地球上には戦争とか紛争が起こり続けます。そういう様を見ながら、「こういう世界はいつまで続くのだろう」と思ったりします。

光　闇

三章は、こういう言葉で始まります。

やがてヨブは口を開き、自分の生まれた日を呪って、言った。
わたしの生まれた日は消えうせよ。
男の子をみごもったことを告げた夜も。
その日は闇となれ。

神が上から顧みることなく
光もこれを輝かすな。

（三・一〜三）

ここで、強調されている言葉は「光」と「闇」です。これは、創世記の書き出しを意識した言葉だと思います。そこを読みます。

初めに、神は天地を創造された。地は混沌であって、闇が深淵の面にあり、神の霊が水の面を動いていた。神は言われた。「光あれ。」こうして、光があった。

（創世一・一〜三）

ここにも「光」と「闇」が出てきます。神の創造の前は、「闇」が支配していた。神は「光」から創造を始められた、ということです。ヨブの言っていることは、「その創造なんてなければ良かったのに」ということです。要するに、この世界なんてなければ良かったのにと言っており、天地創造を光の創造から始めたという神の業を否定している。自分が生きている世界を否定し、この世界を創造した神の御業を否定しているのです。しかし、ヨブがいくら否定したところで、そんなことができるはずもありません。

創造の抹消

出発点は、ヨブの存在の消去です。しかし、四節以降にあることは、ヨブの誕生に関わった夜と昼の取り消しになり、暦の抹消に至り、創造そのものの否定に至ります。レビヤタンは、後でも出てきますが、神が創造の時に勝利した神話上の怪物です。「**レビヤタンを呼び起こす力ある者が、その日を呪うがよい**」(三・八)とは、創造以前の混沌、闇に覆われた世界になればよいのに、ということです。神が、光からの創造を呪い、創造以前の闇が覆う世界に戻らせればよい、と言っているのです。
　そうなれば自分の存在だけでなく、すべての人間、動植物の命をはじめ、すべての存在が無くなるわけです。だから、具体的にそういうことが起こるはずがありません。でも、苦悩の極みに叩き落されたこの時には、ヨブはそう思わざるをえなかったのだと思います。

光　命

　ここには、ヨブの両親が出てきません。つまり、彼の命は根源的には、両親の間から出てきたものではないと、彼は考えているのです。天地創造の時の「光」は太陽が放つ「光」ではなく、存在を生かす光、ヨハネ福音書によれば命を照らす光であるように、ヨブも神様によらなければ生きていけない命を生きていると考えているのです。
　しかし、その神が自分をこのような目に遭わせるならば、生きてはいけない。彼はそう考えたのかもしれません。命の根源が否定されている、と「この時の彼」は感じざるをえなかったからです。

神名

　もう一つ気をつけておきたいのは神名です。彼はかつて、「**主は与え、主は奪う**」(一・二一)と言っていました。「主」とは、原文では「ヤハウェ」です。しかしこの言葉は、基本的には主の弁論が始まる三八章まで使われません。それまで「主」はひたすら沈黙しているのです。

ヨブにしてみれば、今の状態を与えているのは、明らかに「主」なる神です。言ってみれば、行為の主体は「主」なのです。しかし、その「主」が沈黙している。ヨブに与えられている今の現実を説明しない。ヨブは、そのことに納得していません。

とにかく、「主」という言葉が使われていないことは、「主」の沈黙を現しているのかもしれません。「主」以外には、神話世界で最高神を表す「エル」とか、エルの複数形で一般的には「神」を表す「エロヒーム」とか、全能者を表す「シャダイ」とかが使われます。

苦しみ

一〇節にこういう言葉があります。

その日が、わたしをみごもるべき腹の戸を閉ざさず
この目から労苦を隠してくれなかったから。

この時の彼にとって、人生は「労苦」でしかありません。「労苦」（ラーマー）という言葉は、「悩み」とか「苦しみ」とも訳されます。私たちにとって何が苦しみなのでしょうか。何が悩みなのでしょうか。ヨブに与えられた皮膚病に伴う苦しみは言語を絶するものです。しかし、彼はその苦しみをここで訴えているのでしょうか。皮膚病が治れば、彼の労苦、悩み、苦しみはなくなるのでしょうか。そうではないと思います。彼の苦しみの根源にあることは、そういうことではない。これは彼だけではないと思います。病気の苦しみも大変なものです。しかし、「自分は誰からも見捨てられた存在だ。自分が生きている意味などない。無価値どころか、迷惑をかける存在だ」と思ってしまったら、その人の悩み、その人の苦しみは、さらに増していくのではないでしょうか。

イエス様が言うごとく、「**人はパンだけで生きるものではない。神の口から出る一つひとつの言葉で生きる**」（マタイ四・四）からです。世界の創造者、命の創造者である神と繋がっていると確信できれば、私たちは様々な苦しみがあったとしても、生きていくことができます。神様との繋がりが確認できない時、私たちは病などがなくても闇に覆われてしまうのです。そして、自分の命の意義なんて見出すことができなくなるのです。私たちはパンだけで生きているのではないからです。

雀にさえ

イエス様は、こう言われました。

二羽の雀が一アサリオンで売られているではないか。だが、その一羽さえ、あなたがたの父のお許しがなければ、地に落ちることはない。

（マタイ一〇・二九）

アサリオンとは貨幣の最小単位で、一アサリオンとは、今の一円です。それ以上小さくはなれない。ここで言いたいことは、一羽の雀には価値がないということです。そういう価値がない雀だって、神様は見ていてくださるのだ。繋がりをもってくださるのだということです。自分で自分をどう思おうと、神様は私たちを愛し、共に生きてくださるのです。

エリ、エリ

いつも言いますように、無価値な者を救うために、神は御子を十字架につけ、私たちが受けるべき裁きを御子に受けさせせました。その場面を読みます。

さて、昼の十二時に、全地は暗くなり、それが三時まで続いた。三時ごろ、イエスは大声で叫ばれた。「エリ、エリ、レマ、サバクタニ。」これは、「わが神、わが神、なぜわたしをお見捨てになったのですか」という意味である。（マタイ二七・四五～四六）

昼の十二時から三時、太陽が明るく輝く時、全地は暗くなったのです。「光」が満ちるべき時に、「闇」が覆った。その時、神様と一体の交わりを生きて来られた御子が、「**わが神、わが神、なぜわたしをお見捨てになったのですか**」と叫ばれた。そして、再び大声で叫び、息を引き取られた時に、「**神殿の垂れ幕が上から下まで真っ二つに裂けた**」（マタイ二七・五一）のです。神と人間を隔てていた幕、つまり罪の幕が、神の御子が神に見捨てられることによって、裂かれたのです。そこに「新しい創造」があります。神様は、御子の十字架を通して新たに創造を始めたのです。

そして、御子を復活させた。復活させられた御子は、ご自分を見捨てて逃げた弟子たちの所に行き、「**あなたがたに平和がある（ように）**」（ルカ二四・三六）と言われ、天に挙げられました。今は、聖霊を通して無価値な私たちを愛し、導いてくださっています。そして私たちキリスト者は、そのことを信じています。ですから、私たちは新しい命をもって、絶えず神様と結ばれつつ生きることができるのです。私たちは今や、無価値な者ではなく、神様から見捨てられた者ではないのです。

その事実を知らせてくれる神様の愛を感謝し、讃美したいと思います。

（二〇二二年二月二十日）

なぜ、なぜ

ヨブ記三章一一節～二六節(1)

なぜ、わたしは母の胎にいるうちに
　死んでしまわなかったのか。
せめて、生まれてすぐに息絶えなかったのか。
なぜ、膝があってわたしを抱き
乳房があって乳を飲ませたのか。
それさえなければ、今は黙して伏し
憩いを得て眠りについていたであろうに。
今は廃虚となった町々を築いた
　地の王や参議らと共に
金を蓄え、館を銀で満たした諸侯と共に。
なぜわたしは、葬り去られた流産の子
光を見ない子とならなかったのか。
そこでは神に逆らう者も暴れ回ることをやめ
疲れた者も憩いを得
捕われ人も、共にやすらぎ

なぜ、なぜ

追い使う者の声はもう聞こえない。
そこには小さい人も大きい人も共にいて
奴隷も主人から自由になる。

なぜ、労苦する者に光を賜り
悩み嘆く者を生かしておかれるのか。
彼らは死を待っているが、死は来ない。
地に埋もれた宝にもまさって
　死を探し求めているのに。
墓を見いだすことさえできれば
喜び躍り、歓喜するだろうに。
行くべき道が隠されている者の前を
　神はなお柵でふさがれる。
日ごとのパンのように嘆きがわたしに巡ってくる。
湧き出る水のようにわたしの呻きはとどまらない。
恐れていたことが起こった
危惧していたことが襲いかかった。
静けさも、やすらぎも失い
憩うこともできず、わたしはわななく。

わかっていない

最近、つくづく思うことは、「自分は何もわかっていなかった」ということです。自分のこともわかっていなかったし、今もわかっているのかどうか覚束ないのです。まして、自分が言ったことや、やったことが、その後どういう結果をもたらすのかなどは、少しもわかっていなかったことを思います。

さがす

先日、『さがす』という映画を観ました。細かい設定は省きますけれど、中学生の女の子の父親が、ある日突然失踪してしまうのです。その父親を、女の子が「さがす」ことが一つの柱になっています。同時に、父親自身も「自分でも知らなかった自分」があることを知っていきます。娘も知っていく。人間は追い詰められた時、何かのきっかけで、悪魔の虜になってしまう。そういう面がその人間の中にあったのかは、よくわかりません。しかし、「自分の主人は自分だ」と思い込みつつ、実は「悪魔の奴隷である」ことはよくあることです。自分で思っていることと、自分の現実が全然違うのです。

映画では父親が愛している妻が、筋萎縮症という深刻な病気なのです。頭はしっかりしているのに、日に日に全身の筋肉が衰えていく。リハビリをしようが何をしようが、確実に全身の筋肉が萎縮してくる。次第に動けなくなってくるのです。そういう自分を毎日ベッドの上で見ながら生きることは、言語を絶するほど辛いことだと思います。彼女は「死にたい」と思う。しかし、筋萎縮症だから、もはや自分で死ぬこともできない。

その妻が、目で夫に訴えるのです。「殺してくれ」と。このまま生きていくのは耐えられない。介護する夫にもう迷惑はかけたくはない。自分は金だけかかり、迷惑をかけるだけの存在だ。そのような自分を、自分で耐えられない。しかし、最早自分では死ねない。「頼むから殺して欲しい」と訴えるのです。

夫は、妻を愛している。生きていて欲しいと思っている。しかし、妻の苦しみを続けさせることが苦しい。また、その苦しみを見続けていることも辛い。彼は、妻を愛し、自分を愛しているのです。私たちの多くは、そうだろうと思います。だから悩み、判断がつかず、苦しいのです。

悪魔の囁き

そのような時、妻のリハビリに通う病院で、夫はスタッフをやっている青年に話しかけられます。青年は、「自殺幇助」をする人なのです。彼の誘いに乗った夫は（卓球場を営んでいたのですが）、そこで妻が自殺したように見せかけつつ妻を殺すことの手助けをします。それは、妻の切実な願いを叶えることであり、絶望的な介護の苦しみから自分を解放することです。

この自殺幇助は殺人なのか。その点について、筋萎縮症という残酷な病に罹っていない者、その病者を介護する苦しみを味わったことがない者は、黙ってうな垂れるしかないようにも思います。

この世に居場所がない

その映画の中で、ネットに「死にたい。自殺を手伝って欲しい。お金は出す」と書いている人が何人もいることを知りました。つまり、「この世に自分の居場所などない」と思っている人々です。少し横道に逸れますが、十年前、自殺してしまう人は年間三万人を超えていました。今も、二万人を超えています。

話を映画に戻します。金にも困っていた父親は、次第に自殺幇助をする青年の手助けをして小銭を得るようになっていきます。でも、このままではマズイと思って、偽装殺人事件を思いつきます。自分は青年から腹を刺されて殺されそうになった。そこで必死に抵抗して、鉄鎚《かなづち》で青年の頭や顔を殴り、殺してしまったという偽装殺人事件です。青年を鉄鎚で殺した後、果物ナイフを自分の腹に刺して警察に電話するのです。ずっと父親を捜してきた娘が、警察やら何やらでごった返している現場にやって来て、腹が血だらけの父親に会うことになります。

映画のラスト近く、父親は「ミイラ取りがミイラになった」ではありませんが、自殺願望を持った女の子と待ち合わせすることになります。娘は、父親の様子に前から不信を抱いていました。ですから、自殺願望を持った女の子になりすまして連絡し、父親が待ち合わせ場所に来ることを遠くから確認するのです。そして、警察に連絡したのでしょう。

ラストの場面は、娘と父親が卓球台を挟んでラリーをしている場面です。そこに、パトカーのサイレン音が聞こえてきます。娘が「お迎えがきたで」と言うと、父親が「今日の娘はお前だったのか」と訊く。娘は「そうや。わてはお父ちゃんが何をやっているのかを知っている」と言うのです。いつしか、二人の間を行き来していた卓球の球が消え、格好だけラリーが続くのです。

娘が父親をさがすのですが、父親も自分では知らなかった自分が出てきて、自分が言っていること、やっていることがわからない。娘も父親をさがした結果、父親は見つけたのですが、父親がわからなくなり、親子の絆が無くなってしまう。そのような現実が、ここにはあると思います。人間は、自分のことをさがすのですが、見つからない。

命 死

来週は召天者記念礼拝です。今週と来週は、ヨブ記三・一一～二六をとおして、人間の命と死に関して考えていきたいと思います。「命」を考える時には必ず「死」を考えなければ、意味がありません。そして、「命」とは何か、何のためにあるのか、誰のものか。そういったことを考えざるをえないのです。

ヨブはここで、こう言っています。

なぜ、わたしは母の胎にいるうちに
死んでしまわなかったのか。
せめて、生まれてすぐに息絶えなかったのか。
（三・一一）

「死産」や「流産」をしたら良かったのに、と言っているのです。

映画の中で、自殺幇助をする青年が「『死にたい』って言っていた奴が、いざとなると『止めてくれ』と言ったりする。本当に死にたい奴はわずかだ」と言っていました。そうだろうと思います。人間は、一つの思いだけで生きているわけではないと思います。「生きたい」という思いと、「死にたい」という思いがある。どちらかが本当の思いで、どちらかが嘘の思いだという場合もあるでしょうが、どちらも本当とも嘘ともつかない場合もあるだろうと思います。

ヨブは、今までもそしてこれからも、正反対のことを言います。その一つひとつの言葉に、私たちは振り回されてきましたし、今後もそれは続きます。それが、彼であり、実はそれが「私たち人間である」とも言えると思います。

正反対の言葉

彼は、かつてこう言っていました。


「わたしは裸で母の胎を出た。

裸でかしこに帰ろう。

主は与え、主は奪う。

主の御名はほめたたえられよ。」

「わたしたちは、神から幸福をいただいたのだから、不幸もいただこうではないか。」（一・二一）

しかし、三章はこのような言葉で始まります。


わたしの生まれた日は消えうせよ。

男の子をみごもったことを告げた夜も。


同じ人間の言葉とは思えません。しかし、時の経過の中でヨブは変貌したと言えると思います。それは、「**主が与え、主が奪う**」からこその変貌だとも言えます。

死ぬということ

私は、すでに召された方たちに関して、「あの人はコロナウイルス感染なんて知らずに死んでしまったし、ロシアのウクライナ侵攻とか原発を攻撃するという脅し、民間人の犠牲とかも知らずに死んでしまった。それは、ある意味良かったな」と思う時があります。

先日、キーウの地下鉄のホームに避難しているウクライナの女性がインタヴューされていました。彼女は、前線にいる兵士と婚約中だそうです。彼女は、涙ぐみながらこう言っていました。

「彼は正しいことをしているから、彼のことは誇りに思える。でも、二十一世紀にこんなことが起こるなんて信じられない」。

皆さんもそうだと思いますが、私も「信じられない」思いで、そして胸が痛む思いで、ウクライナの様々な映像を観、記事を読んでいます。コロナ禍でただでさえ不安なのに、このようなことが今でも起こるのだという驚きがそこにはあります。そして、既に死んでしまった人は、この現実を見ないですんだという意味で「良かったな」と思わないわけではありません。

陰府

ヨブは、**「いっそ生まれた時に死んでいたら良かったのに」**と言います。そして、こう言いました。

そこでは神に逆らう者も暴れ回ることをやめ

疲れた者も憩いを得
捕われ人も、共にやすらぎ
追い使う者の声はもう聞こえない。
そこには小さい人も大きい人も共にいて
奴隷も主人から自由になる。
（三・一七～一九）

ここには言葉としては出てきませんが、陰《かげ》の府《ふ》と書いて「陰府《よみ》」に対する憧れが出てきます。陰府とは、息を引き取った者が完全な死者になるための「一時的中継地点」で、ヨブ記では「暗黒」（一七・一三）とか「**塵**」（一七・一六）と同義です。通常は、陰府に下されることを恐れるのです。たとえば、詩編六編にはこうあります。

死の国へ行けば、だれもあなたの名を唱えず
陰府に入れば
だれもあなたに感謝をささげません。
（六・六）

ここで注意しなければいけないのは、死者の国、陰府に行くことは、主の「**名を唱えず**」「**感謝をささげる**」ことができないと考えられていることです。人間は、パンを食べて生きているだけではなく、人間は、神様と人格的な関わりをもち、神様の語りかけを聞き、神様に感謝しながら生きる。そこに人間の命があるということです。つまり、そういう関わりができなくなること、それが「死」であり「陰府にくだる」ことなのです。

不条理

しかし、ヨブはここで「死」を願っています。来週ご一緒に読むところですけれど、神様の方からヨブとの関わりを絶ったとヨブは感じているからです。彼は、神に見捨てられた。だからヨブにとっては、生きることは空しいのです。

それはともかくとして、陰府に行けば、そこには安息があり平等がある、とヨブが考えていることは明らかでしょう。この世には不条理なことが多すぎます。新型コロナウイルスに感染して息を引き取った人は、ウイルスに感染して死ななければならなかった理由があるのでしょうか。二十一世紀に起きた露骨な侵略で犠牲になった人は、こんなことで殺されなければならない理由があったのでしょうか。私たちには説明がつきません。しかし、そういう不条理なことが地上にはたくさんあります。それに引き換え、陰府には安息があり、平等がある。地上の身分がどうであれ、大人も子どもも陰府においては違わない。ヨブはそう考えた。だから彼は、生まれてすぐにいっそ陰府に行っていたら良かったのに、と言うのです。

なぜ、なぜ

一一節から二〇説までに、四回も「**なぜ**」とあります（一六節の「**なぜ**」は、原文では「さもなければ」を表す言葉ですけれど、「陰府に行きたい」という文意は変わりません）。

ヨブは「**なぜ**」と神様に問う。これは苦しいことです。しかし、大事なことではないかと思います。

私たちは何でも説明したがります。わかっていないくせに、「これはこういう理由だ」とわかったようなことを言うのです。整理をしたいから、納得をしたいからです。そうじゃないと「苦しみ」が続くからです。

病気で退院した後、渋谷で様々なリハビリ士にお世話になりましたし、甲府に移った今もお世話になっています。渋谷でお世話になっていた方が、床に寝そべっている私に向かって、「及川さんは性格が楽観的だから良い。男の人は難しいんです。床に平気で寝転がる人も珍しいし、『なぜ俺はこんな病気になった』とか、『なぜ俺はこんなことができないんだ』とか苛立って、妻に当たる人が多いんです」と言いました。私は性格的に楽観的だとは思いませんが、「神様は最善のことをしてくれた。でも、何が最善かは、その時にわからなくても良い」と思っていたことは事実です。そう思えたことで、私は「なぜ、なぜ」と苛立って問うことから救われたのだと思います。そして、この病気に込められた意味とか、神様の願望とかを次第に知らされている気がします。しかし、それは急ぐことではなく、神様が「よし」と思われた時に少しずつ知らされていくのでしょう。自分がわけもわからず言ったことや、やったことの真相が何年もかかって知らされていくようにです。わかるには、それなりの時間が必要ですし、それなりの力量がいりますから。

人間とは？

ヨブの最後の言葉は四二・六にあります。『聖書　新共同訳』の翻訳では、ヨブは、こう言ったことになっています。

それゆえ、わたしは塵と灰の上に伏し
自分を退け、悔い改めます。

ヨブは、神の前で悔い改めるのです。そして、このような訳が多いです。しかし、こう訳す人もいます。

それゆえ、私は退けます。
また塵灰であることについて考え直します。（並木浩一）

ヨブの最後の言葉をどう訳すかは、ヨブという人をどう解釈するかにもかかってきますから、今の段階で軽々に言うべきではありません。しかし『さがす』ではありませんが、「人間は塵灰にすぎない存在であることを認める。しかし、『人間とは何であるか』についてわかったようなことは言わず、考え直す」。そういうことなのではないかと、今は思っています。

そして、今言ったことは、人間の命は誰のものか、そして何のためにあるのか、死とは何か、不条理とは何かに繫がっていくでしょう。

神の口から出る言葉

イエス様は荒れ野で、四十日四十夜の断食をしたと記されています。そのイエス様に、サタンは「**神の子なら、これらの石がパンになるように命じたらどうだ**」（マタイ四・三）と言ったのです。「お前は腹ペコだろう。そして、民衆はパンを求めるものだ。その人間のニードに応えるのが『神の子』というものだ。『応えない』とわかればお前は捨てられる」と言ったのです。鋭い誘惑です。

それに対して、イエス様は申命記の言葉を引用してこうおっしゃいました。

「『人はパンだけで生きるものではない。神の口から出る一つ一つの言葉で生きる』と書いてある。」（四・四）

つまり、人の命は食物だけで生きるのではない。神様の言葉を聞き、神様に応答する中で生きるものである、ということです。ヨブの問題は、神様との関係が絶たれた。つまり、命が絶たれたということです。それはヨブの問題だけでなく、私たち罪人の問題です。

その罪人に対して、神様は何を語っているのでしょうか。分厚い聖書ですが、神様がおっしゃっていることは「わたしは、あなたを愛している」ということに尽きると思います。イエス・キリストが天から派遣されたとは、そういうことでしょう。

イエス・キリスト は言います。

「ウイルスに感染してしまっても、空爆の犠牲になったとしても、筋萎縮症になっても、わたしはあなたと共にいる。そして、あなたの罪が赦されるための犠牲として死ぬ。そして復活し、天に挙げられる。だから、信仰によってわたしに繋がっていなさい」。そうおっしゃっているのです。

十字架・復活

イエス様は、神様と一体の交わりをして罪とは無縁なのに、いやそれゆえにこそ、「彼らは自分で何をしているのかわからないのです。彼らが受けるべき審きは私が受けます。だから、どうか彼らの罪を赦してください」と、父なる神様に祈りつつ十字架に架かって死んでくださったのです。「この方こそ、キリスト（救い主）です」と信仰告白する者は、古き自分に死に、主イエスの復活にあずかって「新しい命」に生きることができるのです。私たちキリスト者は、神が派遣してくださったイエス様をキリストと告白する者です。

「この方こそキリストです。誰でもこの方の前で罪を告白し、罪の赦しが与えられるとの信仰が神様から与えられれば、『新しい命』に生きることができます。この方のみが、神様との平和を造りだしてくれます。神様との平和がない『この世の平和』はまやかしでしかありません。この方の前にひれ伏す時、私たちは誰であっても新しい命に生きることができるのです。」

そう告白しつつ生きる者でありたいと思っています。そこに私たちの命があるからです。

（二〇二二年三月六日）

恐れていたことが起こった

ヨブ記三章一一節〜二六節(2)

労苦する者　悩み嘆く者

本日は召天者記念礼拝でもありますから、信仰をもって地上を生きるとはどのようなことか、天に召されるとはどういうことかを意識しつつ語らせていただきたいと思っています。

最初に三・二〇〜二一を読みます。

なぜ、労苦する者に光を賜り
悩み嘆く者を生かしておかれるのか。
彼らは死を待っているが、死は来ない。
地に埋もれた宝にもまさって
死を探し求めているのに。

(三・二〇〜二一)

少し前までは、誰もが羨む大金持ちの名士だったのに、この時のヨブは宗教的にも汚れた罪人とされる皮膚病に全身が覆われています。当然、町から追い出されます。町の外で、灰の上に座り、素焼きの破片で肌を掻かねば痒くてたまらないという状態なのです。見るも無残な状態です。キリスト者は病気に罹らず、災害にも遭わないということではありませんが、私たちは、自分がそうなって初めて見えてくることやわかることがあります。

私事で恐縮ですけれど、私は七年前にかなり重い脳梗塞になり、今もリハビリをしています。様々な不便があります。しかし、こうなって初めてわかってくることもあり、悪いことだけじゃないと思います。「高齢になると、こういうことがしんどいんだな」と実感としてわかることが幾つもありますし、気温の変化や、気圧の変化と体調の関係や、強風は危険だとか、以前は考えもしなかったことがよくわかるようになりました。

ヨブも無残な状況に突然突き落とされて、初めて「労苦する者」や「悩み嘆く者」の気持ちが心からわかったのだと思います。もちろん、それまでも「労苦する者」や「悩み嘆く者」を目では見ており、同情していたのかもしれません。しかし重い病気に罹り、とんでもない境遇におかれて、初めて彼らは「労苦していたんだ」、「悩み嘆いていたんだ」と痛切に思い知らされてきたのではないか、と思うのです。それまでの見ていた世界と全く異なる世界が今の彼には見える、という感じだと思います。

命 光

そして、それは「命」にも言えることです。彼は死にたいのです。私たちも自分では負い難いことが起こった時に、「もう死んでしまいたい」と呟くことがあります。そこにあるのは、「死んでしまえばこれ以上苦しい思いをしなくて済む」という思いでしょう。そして、「命」は自分で終わらせることができるのだという思いが、そこにはあると思います。

ここには、「**なぜ、労苦する者に光を賜る**」とあります。もちろん、主語は神様です。「**労苦する者に光を賜る**」のは、人間ではなく神様です。「光」とは「命」とも言えるでしょう。光に照らされなければ生きてはいけない「命」を表しているからです。そのような「命」は自分が造ったものでもないし、自分のものでもない。神が造り、神のものだということが前提になっています。

ヨブは、自分が胎に宿ったことが告げられた日について、「**その日は闇となれ**」と三・四で言いました。それは、神の創造の御業の否定です。神様は、「**光あれ**」（創世記一・三）という言葉をもって天地創造を始められたからです。この場合の「**光**」は、目に見える「光る物」（一・一四）ではありません。それは創世記一・一四にあります。私たちも「この世は闇だ」と言う時、「この世に太陽の光がない」ことを言ってはいないでしょう。

天地万物はこの「**光**」によって造られました。ですから、「**その日は闇となれ**」というヨブの言葉は、「**光**」から天地万物を創造した神の創造の御業を真っ向から否定するものです。

光　暗

前にも引用したのは、新約聖書のヨハネ福音書の最初の言葉です。本日も、少し飛ばしながら読ませていただきます。

初めに言があった。言は神と共にあった。言は神であった。（中略）万物は言によって成った。（中略）言の内に命があった。命は人間を照らす光であった。光は暗闇の中で輝いている。暗闇は光を理解しなかった。

（ヨハネ一・一～五抜粋）

この「光」で万物は造られ、この「光」なくして命はない。この「光」は、暗闇には理解できない。しかし、理解されなくても、暗闇の中で「光」は輝き続ける。ヨブは、この「光」を求めて悪戦苦闘するのだと思いました。根本的には、まさに「労苦」し「悩み嘆く」のだと思います。「命」や「光」は、すぐにわかるはずのものではないからです。

神様の沈黙

ヨブは自分自身の悲惨な現実を知り、そのことによって、地上には「労苦する者」「悩み嘆く者」がいることを知り「こんなことなら死にたい。すべて平等な死者の国である陰府に行きたい。しかし、神様は死を与えてくれない」。そう言って、ヨブは嘆くのです。

ということは、彼は、命を自分のものとは考えていないのです。彼の子どもたちが全員急に死んでしまった時、彼はこう言いました。

「わたしは裸で母の胎を出た。
裸でそこに帰ろう。
主は与え、主は奪う。
主の御名はほめたたえられよ。」

（一・二一）

「命」は自分が造ったわけでもないし、自分のものでもない。神が「光」を賜っている限り、どれほど労苦しようが、悩み嘆こうが死ねない。しかし、その「光」が見えない。理解できない。自分が生きている意味がわからない。何のために生きているのかわからない。どこに向かっているのかわからない。命の源なる神様との繋がりがなくなってしまった。自分の現状についてだけでなく、地上の不条理の現実について、神様が何を考え、何をしておられるのかわからない。ヨブは、そのような思いでいるのではないかと思います。

東日本大震災　ウクライナ侵攻

先週の金曜日は、二〇〇一年三月十一日の東日本大震災から十一年目の三月十一日でした。私は大震災を契機として、石巻山城町教会と福島教会の方たちとお交わりをいただき、自分たちに何ができるかをいろいろ相談させていただきました。そして、私の前任地である中渋谷教会の方たちの献金で、両教会の方々が希望してくださったコンサート（チェロとピアノ）を開催したり、説教をさせていただいたり、震災の日の経験をお話しするために来ていただいたりと、幾つかのことを企画させていただきました。そして、病気になる前は、毎年、三月に両教会の祈禱会にお訪ねさせていただいていました。脳梗塞を患って以後も御言葉を共にしたくて、甲府から出かけました。今はコロナ禍の日々で行くことはできませんが、一昨日は東北教区がささげた礼拝の説教が石巻山城町教会の牧師さんだったこともあり、パソコンで聞くことができました。

東日本大震災を、ある人は「ボーダーラインディザスター（境界線災害）」と言っていました。私も石巻山城町教会の牧師さんに連れられて、のどかな春を告げる鳥の囀りの声を聞き、傷もない家を見ながら日和山まで行きました。しかし、日和山から見降ろした光景には、絶句する以外にはありませんでした。家も車も墓も滅茶苦茶で、黒く焼け焦げているのです。私が行った時は四月で、辛うじて道ができていましたが、道以外は何もかもが瓦礫でした。この中に人間も犬も猫もいたのだ、また津波に飲み込まれて流されて行った多くの人々がいたのだと思うと、言葉も出ませんでした。

助かった人もいる、死んだ人もいる。幼子もたくさん死にました。その生死の違いの理由はどこにあるのか。私たちには、わかりません。

また、こんにちは、ロシア軍のウクライナ侵攻という信じがたい出来事が起こっています。滅茶苦茶にされていく建物や爆撃で傷ついた人々、避難民の映像を見ながら、「もういい加減にして欲しい、止めて欲しい」と思います。映像には出てきませんが、無残に死んだ人が双方に何人もいます。

「神様は何をやっているんだ」と、思います。けれども神様にしてみれば、「お前たち、何をしているんだ！」ということかもしれません。「私は、私に似せて造ったお前たちに、私に象って造ったお前たちにこの世界を託したのに、お前たちは『光』ではなく、『闇』ばかり作っているではないか。お前たち人間が、『光』ではなく『闇』を作り出してしまう。私は今に至るまで、ずっと悩み嘆いている」と、おっしゃっているような気がします。

呼びかける

話が横道に逸れてしまうかのように思われるかもしれませんが、私が真剣に宗教や信仰について考えるようになったのは十代の半ばのことです。具体的なことは一切省きますけれど、自分は「自分の神」を知らない、愛と信頼をもって呼びかけることができる存在を知らない、と気づいたことにあります。

それは、自分は非常に中途半端な人間だ、何のために生きているのか、何処に向かって生きているのか全く知らない人間だ、ということです。このままの状態で死ぬのは嫌だ。そう強く思ったのです。でも、そんなことを口にしたところで、友人たちと言葉が噛み合うはずもありません。

自分は何のために生きているの

たとえば、子は「お父ちゃん」とか「お母ちゃん」とか、愛と信頼をもって親を呼べる時、「自分はこの人たちの子である」ことを喜びをもって確認することができると思うのです。それまでも、客観的には子として生きているのです。しかし、「お父ちゃん」「お母ちゃん」と心の底から呼べる時、自分がこの人たちの子であることを、感謝をもって確認でき、喜びで満たされるのだと思います。

先日の三・一一の夜、テレビのニュースを見ていたのですが、年恰好は私と同じくらいの女性が、目に涙をためながらこう言っていました。

「今年もこの日が来てしまった。この日が来るのは毎年怖いのよ。夫や娘を失った悲しみは、今も少しも消えない。『十年も経ったのだから前向きで生きなさい』とか人は言うけれど、私には無理なのよ。十一年経っても、今も悲しい……」。

彼女は大震災で夫とひとり娘を失ってしまったのです。その悲しみは途轍もなく深いだろう、と私なりに思います。「過去に捕らわれている」と自分で思ったとしても、どうしようもない「悲しみ」は続くと思います。この方の悲しみの一つは、自分のことを「お母ちゃん」と呼んでくれる夫や娘が死んでしまったことで、自分が何であるのかわからなくなってしまったということにあると思います。人は繋がりの中で生きているのであり、その繋がりが無くなってしまう時、自分の命を持て余してしまうのだと思います。自分が何者かがわからなくなってしまうのです。

柵でふさがれる

ヨブはこう言います。

彼らは死を待っているが、死は来ない。
地に埋もれた宝にもまさって
死を探し求めているのに。
墓を見いだすことさえできれば
喜び躍り、歓喜するだろうに。
行くべき道が隠されている者の前を
神はなお柵でふさがれる。

（ヨブ三・二一～二三）

もちろん、「彼ら」とは、今や「彼ら」と連帯しているヨブ自身のことでもあります。地上で不条理な「労苦」を与えられ、「悩み嘆く」現実が与えられ続けるならば、人は死にたくなる。行くべき道が隠され、自分がどこに向かって生きているのか、何のために生きているのかわからないのだから。

しかし神は、そういう者たちの前に柵を置き、「労苦」と「悩み嘆き」を深めることをする。「神が天地の造り主ならば、命の創造者ならば、そのわけを教えて欲しい」と、神様の胸倉をつかむ勢いでヨブは言っているのだと思います。

恐れていたことが起こった
そして、こう続けます。

日ごとのパンのように嘆きがわたしに巡ってくる。
湧き出る水のようにわたしの呻きはとどまらない。
恐れていたことが起こった
危惧していたことが襲いかかった。
静けさも、やすらぎも失い
憩うこともできず、わたしはわななく。
（三・二四〜二六）

「**恐れていたことが起こった**。**危惧していたことが襲いかかった**」とは、全身を覆う皮膚病に罹ったということではないでしょう。そういうことではなくて、なぜ、このような現実が起こったのかわからない。神様が理由を教えてくれない。沈黙している。自分と神様の繋がりが絶たれてしまった。そういったことなのだろうと思います。肉体は生きているのだけれど、何処に向かって、何のために生きているのかわからない。

先程言ったように、その時、人間は宙ぶらりんで、中途半端なのです。つまり、孤立しているのです。

主の祈り

皆さんも、子どもの時、言われたか言ったかの経験があるかもしれませんが、「そういうことは大人になればわかる」という言葉があります。子どもの時は言ってもわからない。そういうことだろうと思います。それは、年齢的には大人であってもあるでしょう。この人には何を言ってもこの点はわからない。そういうことはあります。私も、苦手分野は何を言われているのかさえわからないと思います。わかるためにはある程度の力量が必要ですし、経験が必要です。そのようなものがないと、何のために生きているのかとか、何処に向かって生きているのかがわからないと思います。

しかし、この問題は「理詰め」でわかっていくものではなく、「出会い」によってわからされるのだと思います。日曜礼拝の中で必ず祈ったり、様々な集会の最後に皆で祈ったりするのは、イエス様が弟子たちに教えた「主の祈り」です。その冒頭は、「**天にまします我らの父よ**」です。神様を「父よ・アッバ」と呼ぶことができるのは、神の御子である主イエスだけです。しかし、そのことを主イエスは罪を犯しながら生きる弟子たちに許すのです。そこに、罪人に対する裁きを代わりに十字架で受けた主イエス、神様に向かって生きる新しい命を罪人に与える復活の主イエスがおられるのです。そのすべては、「聖霊」が教えてくれたことです。私たちの「知性」で知ったことではありません。

アッバ、父よ

パウロは、ローマの信徒への手紙八章の中でこう書いています。

あなたがたは、人を奴隷として再び恐れに陥れる霊ではなく、神の子とする霊を受けたのです。この

霊によってわたしたちは、「アッバ、父よ」と呼ぶのです。この霊こそは、わたしたちが神の子供であることを、わたしたちの霊と一緒になって証ししてくださいます。もし子供であれば、相続人でもあります。神の相続人、しかもキリストと共同の相続人です。キリストと共に苦しむなら、共にその栄光をも受けるからです。

（ローマ八・一五〜一七）

私たちは、今やキリストに出会い、聖霊によって、キリストと共に神様を「アッバ、父よ」と呼べるようになったのです。私たちの「**労苦**」は、人生に付き物の労苦や「**悩み嘆き**」ではなく、信仰の故の「**労苦**」「**悩み嘆き**」です。神と離れた「労苦」ではありません。

私たちは人間ですから、すべての出来事の起こる理由なんて知りようがありません。しかし、キリスト者として知っていること、いや知らされていることがあります。それは、「イエス様はインマヌエル（我らと共にいます神）として、その『**労苦**』『**悩み嘆き**』の中にいまし、私たちの労苦、悩み、嘆きを共にしてくださる」ということです。信仰が与えられた後に「**労苦**」や「**悩み嘆き**」が無くなることはありません。でも、それらのものを共に負ってくださるイエス様を発見していくという希望が私たちには与えられています。それは、私たちには信仰が与えられているからです。そして、その信仰は、キリストと共なる復活という栄光に向かっていくものです。

信仰に生き、天に召されるということは、その栄光に向かうことです。信仰に生きるとは、死がすべての終わりではなく、死から復活させられた方をキリスト（救い主）と信じて、神様と繫がって生きることなのですから。そこに光があるのです。

（二〇二三年三月十三日　召天者記念礼拝）

考えてみなさい

テマン人エリファズは話し始めた。
あえてひとこと言ってみよう。
あなたを疲れさせるだろうが
　誰がものを言わずにいられようか。
あなたは多くの人を諭し
力を失った手を強めてきた。
あなたの言葉は倒れる人を起こし
くずおれる膝に力を与えたものだった。
だが、そのあなたの上に何事かふりかかると
　あなたは弱ってしまう。
それがあなたの身に及ぶと、おびえる。
神を畏れる生き方が
　あなたの頼みではなかったのか。
完全な道を歩むことが
　あなたの希望ではなかったのか。

ヨブ記四章一節～二一節

考えてみなさい。罪のない人が滅ぼされ
正しい人が絶たれたことがあるかどうか。
わたしの見てきたところでは
災いを耕し、労苦を蒔く者が
災いと労苦を収穫することになっている。
彼らは神の息によって滅び
怒りの息吹によって消えうせる。
獅子がほえ、うなっても
　その子らの牙は折られてしまう。
雄が獲物がなくて滅びれば
雌の子らはちりぢりにされる。
忍び寄る言葉があり
わたしの耳はそれをかすかに聞いた。
夜の幻が人を惑わし
深い眠りが人を包むころ
恐れとおののきが臨み
わたしの骨はことごとく震えた。
風が顔をかすめてゆき
身の毛がよだった。
何ものか、立ち止まったが
その姿を見分けることはできなかった。
ただ、目の前にひとつの形があり

沈黙があり、声が聞こえた。
「人が神より正しくありえようか。
造り主より清くありえようか。
神はその僕たちをも信頼せず
御使いたちをさえ賞賛されない。
まして人は
　塵の中に基を置く土の家に住む者。
しみに食い荒らされるように、崩れ去る。
日の出から日の入りまでに打ち砕かれ
心に留める者もないままに、永久に滅び去る。
天幕の綱は引き抜かれ
施すべも知らず、死んでゆく。」

四章以前のヨブ

本日からヨブ記の四章に入ります。四章から、ヨブを見舞うために各地からやってきた友人たちとヨブの論争が繰り広げられるのです。直接のきっかけはヨブに起こった悲惨な出来事です。そのことをめぐって、本人が気づかなくても、様々な世界観とか人生観とか信仰観とかが入ってきます。

皆さんもお感じだと思うのですが、三章以降のヨブはそれ以前の彼とは別人のようです。以前のヨブは、人も羨む大富豪であり、町の名士であり、完全な人格者であり、信仰深い人でした。その彼が、いきなり全財産を失い、十人の子ども全員が立て続けに命を落とし、ヨブ自身も頭の天辺から足の裏まで重い皮膚病に侵され、町から追放されて町の外で灰の上に座り、痒さのゆえに陶器の破片で体を掻きむしっているのです。そのような悲惨な現実の中でも、彼は神様への信仰は失っていなかったように見えました。

唇をもって

しかし、本人は微妙だったと思います。
一・二二には、こうあります。

このような時にも、ヨブは神を非難することなく、罪を犯さなかった。（一・二二）

その後、神様とサタンの二回目の対話がありました。サタンは、健康が守られていればヨブは神への信仰を生きるかもしれない、しかし主が「**手を伸ばして彼の骨と肉に触れれば、面と向かって主を呪うに違いない**」と言うのです。その言葉を聞いて、主は「**命を奪わなければ、ヨブを好きにしてよい**」と言ったのです。結果、ヨブは見るも無残な境遇に陥ります。それでも、「**神から幸福をいただいたのだから、不幸もいただこうではないか**」と言いました。この言葉は、信仰的に深い言葉です。しかしその後は、こうです。

このようになっても、彼は唇をもって罪を犯すことをしなかった。（二・一〇）

「唇をもって」ということは、罪深い言葉は言わなかったが、心の中でどう思っていたかはわからないことを匂わせているような気がします。

それから長い沈黙が続きました。「七日七晩」（二・一三）とは死者の服喪の期間でもあったようですが、各地からはるばるヨブの見舞いに来た三人も共に沈黙の時を過ごしたのです。ヨブも友人たちも、起こっている現実を見て考えあぐねたのだろうと思います。

神が死なせてくれない

それまで沈黙していたヨブは、三章に入って、堰を切ったように言葉を発します。神様の創造の御業を否定したり、死にたいのに神様が死なせてくれないと嘆いたりする言葉です。彼にとって、神様と繋がっていない命は闇であり、無為だからです。目に見える状況がどのようなものであれ、神様との繋がりがなければ、命は闇に包まれ、ヨブにとっては無為なのです。そのような命を、これ以上生きていたくはない。彼は、そう思っている。でも、命は自分のものではないがゆえに、自分で終わらせることはできない。命の創造者である神は酷いことをしたのに、その理由とか目的とかについては沈黙している。ヨブの身に起こったことだけでなく、この世の中には不条理なことがたくさんある。神は、それらのことに関して沈黙している。神は無力、無能なのではないか……。そんなことはあるはずがない……。ヨブの心の中には、様々に異なる思いが錯綜していると思います。論理的一貫性はありません。創造の御業を否定したかと思えば、なぜ死産や流産をしなかったのかとなり、死にたいのに神が死なせてくれないとなるのです。しかし、命は神のものであり、自分のものではないから自分で終わらせることなどできない。そのことについては、一貫していると思います。

友情と訓戒

四章から、ヨブの言葉を聞いたテマン人エリファズが口を開きます。彼は三人の友人の中で、一番年長で代表格であったと思います。彼もまた、四章に至って、それまでの彼とは別人みたいになりました。彼はビルダト、ゾファルと共に、友人であるヨブを見舞うためにはるばるやって来たのです。そして、見るも無残なヨブの姿を見て絶句し、七日七晩、沈黙の中でヨブと共に座り込みました。その姿は、ヨブに対して深い同情をもった友の姿です。

しかしエリファズが、ヨブの激しい言葉を聞いた時、そこに危うさを感じたのだと思います。このままではヨブに与えられた信仰が無くなってしまう。また、この世におけるこれまでの世界観、信仰観、人生観などが破壊されてしまう。エリファズは、そう感じたのではないかと思います。ヨブと同次元を生きている者としての友情と上から目線による訓戒が、彼の言葉にはあると思います。言うまでもなく、ヨブはこれまでずっと彼らと同じ価値観、信仰観、人生観の中を生きて来たのです。

自分の身に及ぶと

そのことを踏まえた上で、読んでいきたいと思います。

テマン人エリファズは話し始めた。
あえてひとこと言ってみよう。
あなたを疲れさせるだろうが
誰がものを言わずにいられようか。

あなたは多くの人を諭し
力を失った手を強めてきた。
あなたの言葉は倒れる人を起こし
くずおれる膝に力を与えたものだった。
だが、そのあなたの上に何事かふりかかると
あなたは弱ってしまう。
それがあなたの身に及ぶと、おびえる。
神を畏れる生き方が
あなたの頼みではなかったのか。
完全な道を歩むことが
あなたの希望ではなかったのか。

（四・一〜六）

おわかりのように、ヨブはこれまでずっと伝統的な価値観や信仰観をもって人助けをしてきました。それなのに、いざ自分の身に災難が振りかかると弱ってしまい、怯えるとは何事かと言われているのです。「しっかりしろ！」と。

「**神を畏れる生き方**」とは「神を信じて生きる生き方」です。先ほども言いましたように、「主が与え、主が奪う。幸福だけでなく不幸も神からいただくのは当然である」という生き方です。しかし、ヨブには今、神を信じられない思いがあるのです。自分の身に起こったことが気に入らないからではなく、なぜこのようなことが起こったのかの理由がわからないからです。神が起こしたのなら、その「理由」をちゃんと教えて欲しいとヨブは思っている。しかし、神様は沈黙している。そこに、ヨブの悪戦

苦闘と言ってよい苦しみの根があります。

考えてみなさい

そのヨブに、エリファズは続けてこう言います。

考えてみなさい。
罪のない人が滅ぼされ
正しい人が絶たれたことがあるかどうか。
わたしの見てきたところでは
災いを耕し、労苦を蒔く者が
災いと労苦を収穫することになっている。（四・七〜八）

よくわかります。神様は罪のない人を滅ぼすことはしない。災いや労苦に苦しむ者は、災いや労苦を蒔いていた者だ、と言っているのです。

「因果応報」という言葉を、私たちはよく知っています。罪を犯せば罰が下る。善をなせば褒美がある。その結果に相応しい原因があるということです。

『歎異抄』

新聞の広告にしょっちゅう出てくるのは『歎異抄』という本です。「無人島に本を一冊持っていけるとしたら、それは『聖書』だ」とはよく言われることですが、この国ではほとんどの人は「聖書」の

「せ」の字も知りません。それと同じように、少なくとも私は『歎異抄』という本の題名と「善人なおもて往生を遂ぐ、況や悪人をや」という代表的な言葉しか知りません。おそらく多くの人も同じだと思います。そしてこの言葉は、誰もがその意味はわからずとも好きな言葉でしょう。

善を行って生きて来た人が往生するのは当然だと誰もが思っている。また、善に対して、仏さんがポジティブな評価を与えてくれなければ困るのです。しかし実は、ほとんどの人は善人ではない。しかし、悪人でも往生はしたい。そのような人は、仏の憐れみに縋るしかない。その信仰によって、悪人は救われる。それが、仏の「憐れみ」だということかもしれません。

こういう考えは矛盾していると思いますが、でも非常にリアリティーがあると思います。善人を愛する仏でなければ困る。でも、仏は悪人も信仰をもつならば往生させてくれなければ困る。そういう思いは、よくわかります。

人は神より正しくありえようか

エリファズがヨブに「**考えてみなさい**」という言葉で言っていることは、いわゆる「応報思想」です。神様は善人を愛し、罪人を憎んで「**滅ぼす**」ということです。

一二節以降で言っていることは、「**夜の幻**」においてエリファズが見聞きしたことです。その中で彼は「**人が神より正しくありえようか。造り主より清くありえようか**」（四・一七）と言います。そして、続けてこう言うのです。

神はその僕たちをも信頼せず

御使いたちをさえ賞賛されない。
まして人は
塵の中に基を置く土の家に住む者。
しみに食い荒らされるように、崩れ去る。
日の出から日の入りまでに打ち砕かれ
心に留める者もないままに、永久に滅び去る。
天幕の綱は引き抜かれ
施すすべも知らず、死んでゆく。（四・一八～二一）

ここでエリファズは神の超越性を言います。それに対して、人間は永久に滅び去る存在にすぎない。それなのに、神に「なぜ？」と問うなんて身の程知らずもいいところだ、と言っているのだと思います。ヨブの高ぶりをたしなめている。先ほどは「正しい者に神は幸いを与え、罪人に災いを与える」と言っていたのに、ここでは、「人間は誰でも神の前では正しくはありえない」と言っている。

論理的には明らかな矛盾だと思います。でも、こういうことが私たちにはよくあることだと思うのです。

想像力

皆さんも、他人を見たり自分を見たりした時に「人は変わらないな」と感じることがあると思います。まさにそうです。しかし、同時に「人は変わるな」とも思わされます。最近はロシアによるウクライナ侵攻によって、胸が締め付けられる報道が毎日続きます。本日から四回に亘って、礼拝後にウクライナ支援のための献金を募ります。

報道の中で、時に「今のロシアの大統領は、嘗ての彼とは違う。昔は冷徹なリアリストだったが、今は狂気にとらわれている」と言われます。「そうだろう」とも思います。しかし、「基本的なことは昔から変わっていない」とも言われます。「それもそうだろな」と思います。

私はよくわかりませんが、学校や病院や劇場や住宅を爆撃させる彼に、想像力がないことはよくわかります。もちろん、「こういう残忍な戦争はしないでくれ」と言っている人もロシアの中にたくさんいるでしょう。だけれど、大統領の「軍事作戦」を支持している人もたくさんいるでしょう。しかし、逃げることもできず、小さな子どもを抱えながら地下で震えているウクライナの女性が自分の娘だと想像できれば、彼はその建物に爆撃することを命ずることができないのではないでしょうか。しかし、今の彼にはそういった想像力がないのでしょう。

サタン、引き下がれ

人間の中には相反する考えなり、思いが同居していることがあると思います。「どうしてこういうことがわかるのに、ああいうことがわからないのか。あの時はわかったのに、この時にわからないのか」ということがあります。

イエス様は弟子たちに、「人々はイエス様のことを誰だと言っているか」と尋ねたことがあります。人々は「**洗礼者ヨハネ**」とか「**エリヤだ**」「**エレミヤだ**」とか昔の有名な預言者の生まれ変わりだと言っていました。そこでイエス様は、「あなた方は私のことを誰だと言うのか」と尋ねると、ペトロが弟子を代表する形で「**あなたはメシア、生ける神の子です**」（マタイ一六・一六）と告白したのです。これは人類史上初めての告白です。このメシアによって時代が隔された。それまでの世にはなかった、新しい世が始まったと言っても良いのです。だから、イエス様はこうおっしゃいました。

「シモン・バルヨナ（ヨナの子シモン、ペトロの本名）あなたは幸いだ。あなたにこのことを現したのは、人間ではなく、わたしの天の父なのだ。わたしも言っておく。あなたはペトロ。わたしはこの岩の上にわたしの教会を建てる。陰府の力もこれに対抗できない。」（マタイ一六・一七〜一八）

ペトロの言葉は、神様が与えてくださった言葉なのです。その言葉には、陰府の力も勝てません。そのような言葉を人間が話す。その時から、イエス様は「**御自分が必ずエルサレムに行って、長老、祭司長、律法学者たちから多くの苦しみを受けて殺され、三日目に復活することになっている、と弟子たちに打ち明け始められ**」（マタイ一六・二一）ました。

すると、ペトロがイエス様をわきへお連れして「**主よ、とんでもないことです。そんなことがあってはなりません**」（同一六・二二）と諫めたのです。するとイエス様はペトロの方を振り向いて「**サタン、引き下がれ。あなたはわたしの邪魔をする者。神のことを思わず、人間のことを思っている**」（同一六・二三）と言われたのです。ペトロをサタンと言ったのではなく、ペトロに取りついたサタンに言ったのだと思います。人間は「**あなたはメシア、生ける神の子です**」という告白をした直後に、イエス様を脇に連れて行き、諫めることをする。サタンの声に耳を傾ける時、人間は信仰的に完全な言葉を語る者から、人間のことを思う言葉、つまり神より上に立つ言葉を語る者になってしまうのです。あっという間です。そして、自分でも気づかぬうちにです。

善を行う者はいない

自分の中に矛盾を抱えている人もいますし、別人格にワープしてしまう人もいるし、いろいろだと思います。いずれにしろ、私たちは例外なく自分が言っていること、やっていることがよくわかっていないことがあるのです。詩編にも「**善を行う者はいない。ひとりもない**」（一四・三）とあります。善行で往生する人間など一人もいないのです。「**だれもかれも背き去った、皆ともに汚れている**」（一四・三）からです。信仰的なことを言った直後に、それとは正反対のことを言ったりやったりするからです。だから誰も往生しません。そこに例外はありません。

彼らをお赦しください

イエス様は、そういう人間たちの罪を背負って十字架に向かってくださったのです。罪人が受けるべき裁き、「滅び」を代わりに受けてくださったのです。

「**父よ、彼らをお赦しください。自分が何をしているのか知らないのです。**」（ルカ二三・三四）

アーメン。本当にそのとおりです。しかし、私たちは生涯をかけて「**あなたはメシア、生ける神の子です**」という言葉を完全な意味で告白し続けたいと思います。イエス様は、私たちを見捨てることなく、これからも導き続けてくださいますし、励まし続けてくださるからです。

根本問題

ヨブ記の註解書もたくさんありますが、私は主に並木浩一氏が書いた『ヨブ記注解』と対話しながら読んでいます。その註解の中にこういう言葉があります。

「ヨブ記は世界と人間の根本問題と格闘して叫びたい人間を熱中させる作品である。神もヨブも、世界と人間の根本問題に決して妥協しない」（三頁）。

私たちは今、毎日叫びたい思いでいます。イエス様は、爆弾が落とされ、ミサイルや砲弾や銃弾によって人間が傷つき、死ぬ現場のなかで、「**父よ、彼らを赦してください。彼らは自分が何をしているのか知らないのです**」と言っておられるのです。イエス様は傍観者ではなく、「世界と人間の根本問題に決して妥協しない」からです。

すべての人間が、イエス様の十字架の前にくずおれて、己が罪を悔い改め、「イエス様こそキリスト（メシア）です」と告白できますように。そして神様との和解（平和）に与り、敵同士だった者が互いに和解（平和）できますように祈りつつ労する者でありたいと思います。それは神様だけがなさることができることで、まさに奇跡です。しかし、私たちはその奇跡を神様が実現することを信じ、労するべく召された者たちです。

（二〇二二年三月二十日）

これが我らの究めたところ

ヨブ記五章一節〜二七節（朗読箇所一、八、一七、二四〜二七）

呼んでみよ
　あなたに答える者がいるかどうか。
聖なるものをおいて、誰に頼ろうというのか。（中略）
わたしなら、神に訴え
神にわたしの問題を任せるだろう。（中略）
見よ、幸いなのは
　神の懲らしめを受ける人。
全能者の戒めを拒んではならない。（中略）
あなたは知るだろう
あなたの天幕は安全で
牧場の群れを数えて欠けるもののないことを。
あなたは知るだろう
あなたの子孫は増え
一族は野の草のように茂ることを。
麦が実って収穫されるように

あなたは天寿を全うして墓に入ることだろう。
見よ、これが我らの究めたところ。
これこそ確かだ。
よく聞いて、悟るがよい。

ヨブ記の形

ヨブ記を読み進めてきて本日で十一回目です。聖書のどの書物も大昔に書かれたものですし、私たちにとっては地球の裏側で書かれた書物です。ですから、著者は現代の日本人である私たちに読まれるなんて想定していませんし、説明もなければ配慮もありません。それは聖書のいずれの書物にも言えることです。しかし、その中でもヨブ記は独特ですし、連続説教することは困難な書物だと思います。苦難の問題に取り組むヨブ記を気にしている人は多いし、ヨブ記に関する本も多いのです。しかし、連続説教の本はほとんどないと言ってよいと思います。

その理由の一つは、ヨブ記の書き方にあるでしょう。ヨブ記は最初と最後に散文の枠物語がありますす。その物語に挟まれて詩文部分が長く続きます。その部分に、ヨブと彼の友人であるエリファズ、ビルダト、ゾファルという三人の友人が登場します。そして彼らは神についてや苦難について、ヨブと論争を繰り広げます。

三二章から、後代の付加と思われるエリフの弁論があり、三八章から神が登場します。予想を越えた現れ方をし、予想を越えたことを言う神にヨブは応答します。四二章七節から散文に変わり物語が締めくくられます。以上がヨブ記の形です。全体として何を問題にしているのかは、まだまだこれから探求していくことです。

私たちの傾向

ヨブ記が語りにくいのは、私たちが持っている傾向に一つの理由があると思います。私たちは、決めつけたがる傾向があります。たとえば、西側に属するこの国に住んでいると、見ること聞くこと西側のものですから、どうしてもロシア人は皆悪者で、ウクライナ人は皆善人みたいな感じになります。しかし言うまでなく、それぞれの国には多様な立場があるし、様々な人がいることは言うまでもありません。しかし、そんなことを言っていると歯切れが悪くなるので「善玉悪玉」を決めてしまう傾向があります。ですが、民間人を殺したり、手あたり次第に建物を破壊することは、西側がやろうが東側がやろうが、酷い悪であることは言うまでもありません。

善玉、悪玉を決める傾向からすると、ヨブはいつも善玉であり、友人たちは悪玉と思いがちです。結論部ではそう言えると思います。しかしヨブは、これまでも神の創造の業を否定したり、「死にたい」と言ったりします。神様に文句を言うのです。これからも、様々なことを言います。それに対して、エリファズは「**神にわたしの問題を任せるだろう**」（五・八）と信仰的なことを言います。どっちが善玉なのか俄かにはわかりません。そして、ヨブは神認識に関して次元が変わってきます。ヨブ記を読む私たちも今の次元では決してヨブのことも、神のこともわからないと思います。

ヨブ記においては、様々なことが謎ですし、何処に焦点を当てて説教したら良いのかわからなくなります。つまり、ヨブ記は、善玉と悪玉を分けたがる私たちの傾向に真っ向からぶつかってきます。そして、私たちが気づかぬうちに「当然」と思っていることを覆していくのです。

訓戒

四章、五章は、ヨブの激烈な言葉を聞いたエリファズの反論です。その結論の言葉はこうです。

見よ、これが我らの究めたところ。これこそ確かだ。よく聞いて、悟るがよい。（五・二七）

ここに「**我ら**」とあるように、エリファズが三人の友人たちの代表格なのです。彼はおそらく年長者で、彼の弁論だけ四章、五章と二章分充てられています。そこに記されていることの底流にあるのは、因果応報という原理だと思います。善人は祝福され、悪人は一時的に栄えることがあったとしても結局は滅びる。神様は、そういう原理に従って統治している。エリファズたちが、現実を注意深く観察した結果、確かな原則がここにあると思っています。そのことを深く覚え、従うべきだとヨブに言っているのです。

ということは、現在のヨブの悲惨な現実は、以前にヨブがそれ相当の罪を犯したに違いない、と彼は考えているということです。ヨブが承服できないことは言うまでもありません。

そして、エリファズは神の側に立ってヨブに訓戒しているのです。「自分が正しい」と思っている人とはタッグを組めないものです。私たちは、正しいと思えることを言わなければなりませんけれど、自分は神ではないし、何処か修正しなければならないところがあるかもしれない、と思っていなければなりません。「正しい」ことは何なのかと常に考えていなければいけません。そして、「正しいこと」に従うことと、「自分は正しいことを言っていると思っている人」に従うことは違うことを絶えず意識していなければいけないと思います。エリファズは、自分は正しい、なぜなら神様の考えていること、なさることを究め、私は従っているからだ。ヨブは、私が言っていることに従うべきだ。それは以前ヨブ自身が拠って立っていた価値観ではないか、と言っているのです。

因果応報

最初に結論を言いましたけれど、エリファズたちが究めたことはどういう内容なのかを知るために、最初から読んでいきたいと思います。五・一を読みます。

呼んでみよ
あなたに答える者がいるかどうか。
聖なるものをおいて、誰に頼ろうというのか。
（五・一）

「**聖なる者**」とは、天上の会議に連なっている「神の使い」のことです。四・一八で「**神はその僕たちをも信頼せず、御使いたちをさえ賞賛されない**」とエリファズは言っていました。神は超越的存在であって、正邪の区別の判断ですら「神の使い」に頼むわけがない。ヨブは「なぜ自分は生きているのか」「自分が生きている意義があるのか」などと言っている。そういう疑問を聖なる者以外に誰にぶつけるのか。「神の使い」ですら答えられるはずがない。「火のない所に煙は立たない」ように、神に逆らう愚かなことをヨブがしていなければ、道に迷うはずがないではないか、と言っている。

そして、彼はこう言います。

わたしなら、神に訴え
神にわたしの問題を任せるだろう。
（五・八）

主の鍛錬

人間は愚か者なのに自分の知恵に頼ろうとします。しかし、「策士策に溺れる」ではないですが、人間の思ったとおりにはいかないし、自分の策に従って自滅するのです。それに対して、神は「**計り難く**」「**不思議な業**」をなさる方です。「**傷つけても包み**」むしろ「**打っても癒して**」くださる。「**六度苦難が襲っても、救って**」くださる。それが神様のやり方だ。しかし、人間はそれがわからず、途中でわけもわからないことを言ったりやったりする。エリファズは、そう言っているのだと思います。

そして五・一七にはこうあります。

見よ、幸いなのは
神の懲らしめを受ける人。
全能者の戒めを拒んではならない。
（五・一七）

この言葉は、ヘブライ人への手紙一二章に引用されています。ここには他の詩編からの引用もあります。少し長いですけれど読ませていただきます。

「わが子よ、主の鍛錬を軽んじてはいけない。

主から懲らしめられても、
力を落としてはいけない。
なぜなら、主は愛する者を鍛え、
子として受け入れる者を皆、
鞭打たれるからである。」
あなたがたは、これを鍛錬として忍耐しなさい。神は、あなたがたを子として取り扱っておられます。いったい、父から鍛えられない子があるでしょうか。

（ヘブライ一二・五〜六）

ヘブライ人への手紙の作者は「主の鍛錬」を軽んじるな、「主は愛する者を鍛える」と言い、主の鍛錬は愛のしるしだと言います。確かに、鍛錬にはそういう面があると思います。

血が繋がった子を愛する父親がすべて、鍛錬するために子を厳しく育てるわけではありません。誰もが異なる感覚を持っていますし、それぞれの関係性の中を生きています。ある人にとっては「愛」に見えることも、ある人にとっては「侮辱」に見えることはいくらでもあります。また血の繋がりがあることが、愛の繋がりがあることを証明するものでもないでしょう。親と言っても誰かの子です。生まれた時から親ではありません。皆、成功や失敗を繰り返しながら、成長過程を生きているのです。とかく人間は難しいと思います。

知る

ヨブは、自分の今の境遇は神様が与えたものだと思っています。しかし、それが神様の愛に基づく「鍛錬」だとは思えないのです。今の状況は、これまで自分も拠って立ってきた応報原理では説明が付かないのです。彼が神様に罪を犯したとしても、こんな目に遭うほどのことではないのじゃないか。そう思っている。だから、ヨブは神様に訴えているのです。説明して欲しいと。しかし、エリファズは神様のなさり方は不思議で、最初から最後まで人間がわかるはずがない、と言うのです。

二四節、二五節に「**あなたは知るだろう**」と、エリファズは繰り返します。私たちの国では、「終わりよければすべて良し」と言います。善人は最後には祝福されることを「**あなたは知るだろう**」と言って、「**見よ、これが我らの究めたところ。これこそ確かだ。よく聞いて、悟るが良い**」（五・二七）と言うのです。

神より上に立つ

エリファズの言っていることは、尤もだと思います。きわめて信仰的なものだと思うのです。しかし、その信仰的な言葉を発するエリファズの心の中に何があるかを考えるべきだろうと思います。

彼は、この世で起きることを注意深く観察し、そこで神様が何をなさっているのかを観察してきたのだと思います。これは大事なことです。この世の現実の中に神の御手の働きを見、最後の勝者は神である。そして、神は善玉に**鍛錬**を与えつつも、彼らに「**天寿を全うして墓に**」（五・二六）に入らせる。エリファズはそう考えている。これは大事なことです。しかし、本当に善人は最後に平安が与えられるのでしょうか。そうなのでしょうか。町を破壊され、危険を冒して逃げる人々は殺されて当然の悪人なのでしょうか。爆撃されて道に遺体が放置される人はどうなのでしょう。

ここでエリファズは信仰的な言葉を使いながら、「神はこういう方だ」と言っているのではないでしょうか。つまり、神を公式に当てはめていると言うか、神を固定化しているのではないかと思います。もっとはっきり言えば、彼の方が神よりも上に立ち、彼の原則に従って、神は動く。そうなっているのではないか、と思います。

不確かな人間

信仰は、確信していなければ意味がありません。疑いながらの信仰なんて、おかしなものです。しかし、私たちは時に神様を信じているのではなく、信じている自分を信じている場合があります。自分は「**確かだ**」と思っている。「**我らの究めたところ**」は「**確かだ**」と思っている。そういうことがある、と思います。

しかし、私たちは実に不安定な存在です。少しも確かな存在ではありません。ここにいる多くの方に比べれば、私などはまだ年少なのです。でも、世間的には私も立派な高齢者ですからお許しいただきたいのですけれど、生きれば生きるほど自分は確かではないと思いますし、確かでない自分が「究めた」と思っていることも確かではないと思います。しかし、そうだからこそ私たちは「確かなもの」を求めます。「**自分は確かだ**」と思える人は、そういう錯覚のなかで安泰なのでしょう。でも、人間など不確かな存在だと知り、応報思想など不確かな人間の願望が作り出した幻想であり、神の名を語りつつ神を利用するものであるとわかった人間は、ヨブが言う如く「**静けさも、やすらぎも失い、憩うこともできず、わたしはわななく**」（三・二六）他にないのです。もちろん、表面的には普通に生きているのですが。

確かなこと

本日はこの後、聖餐式に与ります。その式の中で、「招きの言葉」として私は二つの御言葉を読みます。

神はそのひとり子を賜わったほどに、この世を愛してくださった。それは御子を信じる者がひとりも滅びないで、永遠の命を得るためである。
（ヨハネ三・一六〔口語訳聖書〕）

「キリスト・イエスは、罪人を救うためにこの世にきてくださった」という言葉は、確実で、そのまま受けいれるに足るものである。わたしは、その罪人のかしらなのである。
（Ⅰテモテ一・一五〔口語訳聖書〕）

これが教会の信仰です。教会は、ここにある福音（良き知らせ）を全世界に宣べ伝えるために、神様が建てたものです。そして、この信仰をもって生きるようにと私たちを招いてくださいました。

これは「**我らが究め**」て知ったことでしょうか。だから「**確か**」なのでしょうか。違います。主の恵み、主の憐れみによって知らされたものです。だから「**確か**」なのです。主なる神は、罪を犯したことがない方を、罪人として裁かれたのです。それは応報原理とは正反対のことです。そのようにして、罪人を救うという「**計り難く**」「**不思議な業**」をなしてくださったのです。そして、父なる神様は十字架に架けられ、墓に葬られた方を復活させ、天に挙げられました。これは空前絶後のことです。そのようにして、私たち罪人が天に向かって歩むことができるようにしてくださったのです。これこそ「**計り難く**」「**不思議な業**」です。しかし、「**確かな**」ことです。そして、私たちはなぜかそういう「確かな救い」を与えてくださった方を「キリスト」と信じる信仰を与えられているのです。だからこそ感謝して、讃美しつつ、主は確かな救いを与えてくださったと証しつつ歩みたいと思います。
（二〇二二年四月三日）

希望は根こそぎにされた

ヨブ記一九章一節～二二節

ヨブは答えた。
どこまであなたたちはわたしの魂を苦しめ
言葉をもってわたしを打ち砕くのか。
侮辱はもうこれで十分だ。
わたしを虐げて恥ずかしくないのか。
わたしが過ちを犯したのが事実だとしても
その過ちはわたし個人にとどまるのみだ。
ところが、あなたたちは
　わたしの受けている辱めを誇張して
論難しようとする。

それならば、知れ。
神がわたしに非道なふるまいをし
わたしの周囲に砦を巡らしていることを。
だから、不法だと叫んでも答えはなく

救いを求めても、裁いてもらえないのだ。
神はわたしの道をふさいで通らせず
行く手に暗黒を置かれた。
わたしの名誉を奪い
頭から冠を取り去られた。
四方から攻められてわたしは消え去る。
木であるかのように
　希望は根こそぎにされてしまった。
神はわたしに向かって怒りを燃やし
わたしを敵とされる。
その軍勢は結集し
襲おうとして道を開き
わたしの天幕を囲んで陣を敷いた。
神は兄弟をわたしから遠ざけ
知人を引き離した。
親族もわたしを見捨て
友だちもわたしを忘れた。
わたしの家に身を寄せている男や女すら
わたしをよそ者と見なし、敵視する。
僕を呼んでも答えず
わたしが彼に憐れみを乞わなければならない。
息は妻に嫌われ

子供にも憎まれる。
幼子もわたしを拒み
わたしが立ち上がると背を向ける。
親友のすべてに忌み嫌われ
愛していた人々にも背かれてしまった。
骨は皮膚と肉とにすがりつき
皮膚と歯ばかりになって
　わたしは生き延びている。
憐れんでくれ、わたしを憐れんでくれ
神の手がわたしに触れたのだ。
あなたたちはわたしの友ではないか。
なぜ、あなたたちまで神と一緒になって
　わたしを追い詰めるのか。
肉を打つだけでは足りないのか。

時代の子

私たちは皆違う個性があります。しかし、私たちには「時代の子」という側面があります。もちろん、様々な年代によって文化や常識が変わりますし、「最近の若い奴は」という言葉は、各年代の人が使っています。しかし、「昭和」という言葉は、私が若かった頃の「明治」という意味で使われています。「昭和を感じる」と言えば、「レトロな雰囲気がある」、つまり「古いイメージが出ている」という感じだと思います。

それと同じように、ヨブもヨブの友人たちも「時代の子」です。当時の人々の多くは勧善懲悪的に考えていました。悪いことをすれば、神様が病や災害などを用いて罰を与える。そして、神様の裁きは「正しい」と確信している、というものです。そういう考え方を「応報思想」と言います。私たちには、「因果応報的」とか「勧善懲悪的」な考え方と言った方がわかりやすいかもしれません。そのような考え方は、世の東西を問わず常に存在し続けている考え方でもありましょう。

応報思想

その「応報思想」に立つならば、ヨブの現状はまさに神の罰です。ヨブの現状は言語を絶するほどの悲惨さなのですから、ヨブが犯したはずの罪は重大なものであったに違いないこととなります。三人の友人たちは、その思想に立っています。元来、彼らはヨブの友人としてヨブを慰めるために各地から来たのです。そして、ヨブの悲惨な状況を見て言葉を失い、沈黙の中で「なぜこんなことが起きたのか」を考え込んでいるヨブの隣に、七日間押し黙ったまま座り込んだ人たちです。しかし、八日目から口を開き、「神のなさることに納得がいかない」と語りだしたヨブを、たしなめるように三人の友人たちが順番に語り始めました。

超然・渦中

本日の箇所の直前は、友人の一人であるビルダトの訓戒でした。彼は、ヨブのことを「**神に逆らう者**」（一八・五）としていますし、「**不正を行った者**」（一八・二一）としています。そして、そのような者の行為は周囲に及び、子に及ぶ。そして、彼は誰からも記憶されなくなる、と言うのです。

ある人は、「友人たちは超然としており。ヨブは渦中にいる。彼らはバルコニーにおり、ヨブは通りにいる」と言いましたが、まさにそのとおりです。友人たちは、自分が神に逆らって不正をおかす罪人になる可能性がある人間だとは少しも思っていません。そのような意味で超然としている。同じ人間世界に生きながら、上から目線で自分以外の人間を見、ヨブを見ているのです。

誤り　正しい

ビルダトに対して、ヨブは他人を罪人だと決めつけ、罪人の運命はこうだとか言って辱め、侮辱して恥ずかしくないのか、と言います。友人たちは、ヨブが身に受けている重い皮膚病にせよ、社会的苦痛にせよ、宗教的に汚れた罪人としてヨブを責めている。そんなことをして気持ち良いのか、と言うのです。

そして、こう言います。

わたしが過ちを犯したのが事実だとしても
その過ちはわたし個人にとどまるのみだ。（一九・四）

問題は二つあると思います。ここで「**過ち**」と言い、神が裁く「**不正**」や「**罪**」という言葉をヨブは使っていません。この点については、この先の二七・五〜六の言葉を読んでおくべきだと思います。そこには、こうあります。

断じて、あなたたちを正しいとはしない。
死に至るまで、わたしは潔白を主張する。
わたしは自らの正しさに固執して譲らない。
一日たりとも心に恥じるところはない。
（二七・五～六）

ここには「**正しい**」や「**正しさ**」という言葉が使われます。ヨブの友人たちは自分のことは棚に上げて、とにかくヨブの「**正しさ**」を認めない。しかし、ヨブは自分の「**正しさ**」に固執するのです。ここで、「自分が間違っていた」となっては、神に訴える根拠を失うことですから、自分の「正しさ」に固執するのだと言いたくもなります。しかし、少なくともヨブは「自分は正しく生きて来たと思っている」ことは確かだと思います。そして、ヨブは神から罰を受けるような「**誤り**」をしたことはないと思っていることは確かでしょう。そして、個人の「**誤り**」に対する神の罰が自分の周囲の人々に及ぶわけがないと、ヨブは言うのです。

裁き・正義

六節から一二節で言っていることは、今の状況の原因がヨブの罪にあるのではなく、なぜか神がヨブを敵視して攻撃することにあるのだということです。神はヨブに「非道なふるまいを」し、神に四方から責められ、ヨブにはどうにもならないのです。

七節には、こうあります。

だから、不法だと叫んでも答えはなく
救いを求めても、裁いてもらえないのだ。
（一九・七）

時代劇の最後に、人々がその土地の殿様とか、水戸黄門様とかの前で土下座して「お裁きを～」と叫ぶ。そこで殿様とか黄門様から、勧善懲悪的な裁きが下される。そのことをとおして、権力も富もない者たちが救われる。そういう場面があります。途中にハラハラドキドキしても、最後は悪が裁かれ、正義が勝利する。そういう出来レースをとおして、溜飲が下がるのです。

しかし、ヨブが経験していることは、定番の逆です。説教でしばしば言いますけれど、「正義」が無ければこの世は弱肉強食の世界になり、混沌とするだけです。つまり、神が正義を行っていることがこの世の秩序を支えているはずです。しかし現実は、神自身がヨブのような人を敵視し、非道なことをする場合があります。

「**裁き**」の基準は「正義」です。権力も富もない庶民は、「正義」なくしては救われません。ここで「**裁き**」と訳されている言葉は、ヘブル語ではミシュパートで、しばしば「正義」（ツェデク）の意味でも使われます。ヨブにしてみれば、自分を敵視し非道なことをする神に正義はなく、正義がない神に救いを求めても救われるはずがないということになります。当然です。

希望

彼は一〇節で、「**木であるかのように、希望は根こそぎにされてしまった**」と言っています。

何のために生きているのかわからなくなったのに、生き続けることはかなりしんどいことだと思います。

ご承知のように、私は今もリハビリ生活です。様々なリハビリ士のお世話になってきました。今、世話になっている方ともマッサージをされつつ様々な話をします。その方はまだ二十五歳の男性ですが、「及川さんは、牧師になって何年ですか」と言うのです。私は「あれよあれよと言う間に四十年になろうとしている。ますます聖書が面白くて、語りたくてしょうがない。これをするために生まれて来たのだな、と思えるものに出会った人は幸いな人だと思う。私は幸せ者だ」と言いました。その男性は、ふ〜んという感じで聞いていました。

「希望」とは、生きる意味とか意義を教えてくれるものだと思います。その「希望」が根こそぎにされてしまうということは、生きる意味も生きていく意義も失ったということです。だから、「『希望』がなくなった」とは、もう生きてはいけないという意味です。ヨブは、神によって「希望」を奪われたと言っているのです。

孤独

一三節〜二二節は、人間は孤独では生きていけないことを示しているでしょう。一三節の「兄弟」は肉親の兄弟ではありません。教会の中でも、しばしば同心の友を「兄弟」と呼びます。そういうことが、あちこちでなされています。次から出てくる知人、親族、友達、寄留者、僕、妻、兄弟（聖書 新共同訳では「子供」と訳されていますが、「同じ腹から産まれた子」が直訳で、肉親としての「兄弟」です）幼子、親友、愛していた人々にヨブは嫌われており、孤立しているのです。彼は今、たった独りです。

支えてくれるものが無ければ、人間は生きてはいけません。「支え」は「関わり」があってこそできるものです。「その関わりがすべて失われた」と、ヨブは言っている。

辛うじて生きてはいる

二〇節にはこうあります。

骨は皮膚と肉とにすがりつき
皮膚と歯ばかりになって
わたしは生き延びている。
（一九・二〇）

この時のヨブの状況は、言葉を失うほどに酷いものです。重い皮膚病のゆえに全身の肌が日々醜く荒れてくるし、吐く息は臭く妻にも嫌われるのです。当然、声も以前のようなものではなく、ゼイゼイと言いながらのものだったでしょう。最早、誰も近づいてこないのです。ガリガリに痩せこけ、骨と皮ばかりになっている。とても醜く、辛うじて生きてはいる。そんな感じなのです。

憐れんでくれ

しかし、そういう時こそ、人の情けが欲しいものです。だから、ヨブは、こう叫びます。

憐れんでくれ、わたしを憐れんでくれ
神の手がわたしに触れたのだ。

あなたたちはわたしの友ではないか。

（一九・二一）

でも、バルコニーの上にいる友人たちは、自分たちは罪など犯さないと確信しつつ、「ヨブは自分の罪を認め、悔い改めよ」と諭します。「**憐れみ**」の正反対です。それは、彼らが冷たい人間だったからではありません。ヨブの現実は罪に対する神の裁きだと、彼らは信じているからです。自分の罪を認めて、神の御前に悔い改めないヨブが悪いのです。

しかし、ヨブにしてみれば、神には正義はありません。だから、罪人を裁く権利もないのです。「理由もなく」ヨブを敵視し、非道なことをする神なのです。その神の前で罪を認めることなどできません。第一、彼は裁かれるような罪を犯していないのです。でも、友人たちは、ヨブを敵視する神と一体になってヨブを攻撃するのです。

ヨブはこう言います。

なぜ、あなたたちまで神と一緒になって
わたしを追い詰めるのか。
肉を打つだけでは足りないのか。

（一九・二二）

獣が骨にくっついている肉までを食べつくし、骨を舐めるように、友人たちのヨブに対する攻撃は徹底しています。つまり、神の攻撃も徹底しているということです。

敵なのに

ヨブはそういう神に向かっていきます。彼はあくまでも神に自分の訴えを聞いてほしいし、神の言葉を聞きたいし、神を見たいのです。彼は「**腹の底から焦がれ、はらわたは絶え入る**」（一九・二七）と言います。ある人は、「ヨブの信仰はすがりつく信仰だ」と言いました。私も、そう思います。

自分を敵視し、四方から攻撃してくる神に自分の言葉を聞いて欲しいと願うことは、普通では考えられないことです。「神は正義を行うべきなのに、行っていないではないか」と言っている神に、ヨブは言葉を聞いてほしいと願っているし、見たいと言っているのです。興味があるから「見たい」と言っているわけではなく、近しい関係になりたいと言っている。自分を殺そうとする神にすがる。そういうヨブがここにはいるような気がします。

神の正義

イエス様は、犯罪者として十字架に磔にされました。愛してきた人々によって罪人とされ、十字架に磔にされたのです。イエス様は、自分の人生が十字架刑の死で終わることはどうにも納得ができませんでした。そこで神様に、「できることなら十字架で死なないようにしてください」（マタイ二六・三九参照）と祈ったのです。しかし、「自分の願い通りではなく、神様の願い通り行われますように」（同二六・三九参照）と祈られた。

この時も神様は沈黙しておられました。でも、沈黙の中で応えたのです。自分では罪人だと思っていない罪人が、神の方に向かって生きるために必要なことは、自分の罪を認め、謝罪し、悔い改めることが必要です。でも、その前に、罪に対する神の赦しが必要なのです。それは、神様の太っ腹でなさることではなく、罪に対する神様の罰を通して与えられる赦しです。

罪なき神の独り子が、罪人たちによって十字架に磔にされる。そのように神の罰を受ける。理屈も何も通らないこの現実の中に、神の「正義」があるのです。神様は、このことを通して、罪人の罪を赦すという御業をなさったのです。

わが神、わが神

そして、神の子であるイエス様が十字架に磔にされた時、イエス様はこう言われました。これは詩編二二編一節の言葉です。

「エリ、エリ、レマ、サバクタニ。」
「わが神、わが神、なぜわたしをお見捨てになったのですか。」（マタイ二七・四六）

自分を見捨てる神を「**わが神、わが神**」と言っている。それは、独り子を裁くことによって罪人を見捨てない神だということです。そこに「神の正義」（ミシュパート）が現れているのです。その神を、イエス様は「**わが神、わが神**」と呼んでいるのです。

私たちは、最早神様に見捨てられることはありません。私たちのために神の罰を受けてくださったキリスト（救い主）がおられるからです。父なる神様は、自分を見捨てる神に縋って「わが神、わが神」と叫ばれたイエス様を、十字架の死を経て復活させて天に挙げられたからです。神様は、この方をキリスト（救い主）とされたのです。そして、聖霊を降し、教会を建てキリストによる「救い」を世界中に宣教されることを始めたのです。そして、イエス様をキリストと信じる者たちをキリスト者にし、毎週の礼拝を通して、いつも新たに語りかけてくださっているのです。

だから、私たちから「**希望**」が無くなることなどありません。教会をとおして、いつも新たに神の語りかけを聴き、御子を通して示された神様の正義を知り、神に向かって歩めるようにしてくださった神様の愛を知るからです。そこに私たちの「救い」があります。

希望

明日の分区婦人部大会の主題は「主の再び来たり給うを待ち望む教会」です。つまり、歴史の終わりの日に、再臨のキリストによって神の国が完成されるという「希望」をもって、私たちは生きていける。私たちは、こういう「希望」を与えられているのです。そして、イエス・キリストに対する信仰から生じるこの希望によって救われているのです。

（二〇二二年十月九日）

わたしを贖う者は生きておられる

どうか
　わたしの言葉が書き留められるように
碑文として刻まれるように。
たがねで岩に刻まれ、鉛で黒々と記され
いつまでも残るように。
わたしは知っている
わたしを贖う方は生きておられ
ついには塵の上に立たれるであろう。
この皮膚が損なわれようとも
この身をもって
　わたしは神を仰ぎ見るであろう。
このわたしが仰ぎ見る
ほかならぬこの目で見る。
腹の底から焦がれ、はらわたは絶え入る。

ヨブ記一九章二三節〜二九節

「我々が彼を追い詰めたりするだろうか」と
　あなたたちは言う。
この有様の根源がわたし自身にあると
あなたたちは言う。
あなたたちこそ、剣を危惧せよ。
剣による罰は厳しい。
裁きのあることを知るがよい。

聖書の読み方

本日はヨブ記一九・二三〜二九です。ここは非常に有名な箇所です。と言うのは、「**わたしを贖う方は生きておられ、ついには塵の上に立たれるであろう**」（一九・二五）とあるからです。キリスト教会では「**贖う者**」をキリストと解釈してきました。そして、ヨブはここで十字架を経て復活したキリストを預言しているのだとしてきたからです。聖書全体を一つの「神の言葉」として受け取り、そのように解釈することは間違いではありません。

しかし、私たちは、ヨブ記を続けて読んできたのですから、まずはヨブが何を語っているのかを探求すべきだろうと思います。「**贖う者**」を、十字架を経て復活して天に挙げられたキリストと解釈するのは、その後のことだと思います。

多面的にして複雑

人間は複雑な存在だし、多面的です。私たちは人でも何でも、とかく一面的に見て決めつけたがります。私たちはレッテルを貼るのが大好きなのです。しかし、一筋縄でいかないのが人間です。その人間の中でも比較的単純な人と、複雑な人がいると思います。中でもヨブは、物凄く複雑な人だと思います。ここまでヨブ記を読んできて、ヨブは本当に気の毒な人だし、かわいそうになります。けれども、「好きな人」かと聞かれれば、「好きにはなれない」ような気がします。彼の振れ幅が大きくて「ついていけない」というのが私の正直な感想です。

ヨブの苦しみ

彼は、神が非道なことをしてくれたお陰で、全身の皮膚がボロボロになる病気はするわ、十人の子どもたちが全員死んでしまうわ、莫大な全財産を失うわ、町の名士として人々に敬われていたのに、今は汚れた者として町から追放され、外の灰の上で、陶器の破片で肌を掻かねば痒くてたまらなくなってしまいました。息も臭くなり、皮膚病が悪化して肌はボロボロですし、骨と皮のみになってしまい、もはや誰も彼に近づいてこないのです。

遠くからはるばるやって来て、ヨブを慰めようと思っていた三人の友人たちも、こんな目に遭わせる神を猛烈に責めるヨブに対して、「あなたはこういう罰を受けねばならない重大な罪を犯したはずだ。だから、悔い改めて神に謝罪しろ」と言うのです。応報思想に拠って立っている彼らは、ヨブを罪人だとレッテルを貼ります。そして、神のなさることはすべて「正しい」とする。そうせざるをえないのです。

これも、ヨブにとっては大きな苦しみです。しかし、より苦しいことは、神様の沈黙です。こんな目に遭わせたその理由を言ってほしい。自分は罰を受けるような罪は犯していない。しかし、こういう目に遭っている。「その理由を教えてほしい」と、ヨブは絶叫するように神様に向かって叫びます。しかし、神様は、その訴えを聞いているのかさえわからない。神様は沈黙しているのです。ヨブは地上にいますから、天上の会議における神様とサタンのやり取りを知りません。私たち読者は、そのやり取りを知っています。しかし、神様のお考えのすべてがわかっている訳ではないでしょう。

ヨブの願い

本日の箇所を読んでいきます。

どうか
わたしの言葉が書き留められるように
碑文として刻まれるように。
たがねで岩に刻まれ、鉛で黒々と記され
いつまでも残るように。

（一九・二三〜二四）

言葉が「碑文」として刻まれるのは、基本的に王の言葉のみです。ヨブは自分を「王」だと言っているのかもしれませんが、彼の願いは、自分の言葉が「**書き留められ**、**いつまでも残るように**」ということです。これまでの言葉も、思い付きで言ってきたわけではありません。こんな罰を受けるような罪は犯していないことを、ヨブはどうしても神様にわかって貰いたいのです。

贖う方

わたしは知っている
わたしを贖う方は生きておられ
ついには塵の上に立たれるであろう。
この皮膚が損なわれようとも
この身をもって
わたしは神を仰ぎ見るであろう。
（一九・二五～二六）

「贖う方」とは「救う方」という意味だと思います。ここはイザヤ書の言葉が参考になると思います。

イスラエルの王である主
イスラエルを贖う万軍の主は、こう言われる。
わたしは初めであり、終わりである。
わたしをおいて神はない。
（四四・六）

ここでイスラエルを贖うのは「**神**」です。その神は「**イスラエルの王**」である主であり、「**初めであり、終わりである**」神です。ヨブが言っている「**贖う方**」もこの方だと思います。だから、「神が生きている」ということは、私たちの地上的生の形とは違います。私たちは、肉体をもって通常は数十年地上を生きます。そういう人生と、神様が「**生きている**」が同じであるわけがありません。

信仰

私たちは「死んだ神様」を礼拝しているのではありません。「生きた神様」を礼拝し、その語りかけを聴いているのです。しかし、私たちの誰も「肉眼で神を見ている」わけではありません。しかし、神様は私たちの「味方」として生きておられることを信じています。聖霊が与えてくださった信仰によって、そう信じているのです。

ヨブもそうでしょう。彼は悲惨な目に遭う前も「生きた神様」を礼拝していたのです。ヨブにしてみれば、その神様が理由もなく、突然ヨブを敵視し、攻撃して来たのです。お陰でヨブの人生は滅茶苦茶です。悲惨極まりなく、言葉を失います。ヨブは、それらのことは「**神の手**」（二一節）がやったことである、と言います。神は、なぜかヨブの恐るべき敵になったのです。それは、ヨブには対抗しようもない圧倒的な敵です。しかし、その方をヨブは「**わたしを贖う方**」と呼ぶのです。

私は先ほど、ヨブは複雑な人間だと言いました。その時は、ヨブの性格が複雑だという認識であり、今もそれを撤回する必要はないと思います。彼は、神は自分の「**敵**」（一九・一一）と言ったり、自分を「**贖う方**」と言ったりします。しかし、それはヨブが神に向かい続けているからです。今日は自分の方に向かい、明日はそっぽを向くのではない。昨日も今日も明日も神に向かい続ける。その姿勢は一貫しており複雑ではありません。しかし、神様がどういう意図をもってこういうことをなさっているのかは、神様の沈黙のゆえに、ヨブにはわかりません。それが、複雑さを生み出す原因であるように思います。

この皮膚が損なわれようとも

ヨブは嘗て「**希望は根こそぎにされてしまった**」（一九・一〇）と言いました。しかし、本日の箇所では贖う者が「**ついには塵の上に立たれるであろう**」（一九・二五）と言います。この言葉は、未来のことを言っています。つまり、ヨブの希望なのです。「**希望は根こそぎにされた**」と言ったヨブが、自分を贖う者が「**塵の上に立たれるであろう**」と言っているのです。

この箇所についても、様々な解釈があります。聖書全般に言えることですが、唯一の解釈しかないわけではありません。だから「そういう解釈は間違っている」と言えないことがあります。もちろん、荒唐無稽な自分勝手な解釈に対しては「否」と言うべきだと思います。しかし、「そうとも言える」という解釈は幾つもあります。

本日の箇所の場合、「**この皮膚が損なわれようとも**」（一九・二六）を、ヨブが死んだことを意味すると解釈する人がいます。他方で、病が悪化して皮膚がボロボロになっているけど、まだ生きていると解釈する人もいます。

そして、私たちが礼拝で使用している『聖書 新共同訳』では、「この身をもって」と訳されていますが、ここを「**肉を離れて**」と訳しているものもあります。私は、後で述べる理由によってそちらの訳を採ります。

それはとにかくとして、「この身をもって」は直訳すれば「この肉をもって」です。「この皮膚が損なわれようとも」を「死」と解釈するなら、死後も自分は自分であるとヨブは考えていたことになります。「**この皮膚が損なわれようとも**」を「病気」の悪化と考えるなら、病気が悪化しても、ヨブは、神を敵として罵詈雑言を浴びせるのではなく、いつかは「**贖う方**」として「**見る**」ことを希望しているということになります。

希望

ここに「**仰ぎ見る**」とか「**この目で見る**」といった言葉が出てきます。

この皮膚が損なわれようとも
この身をもって
わたしは神を仰ぎ見るであろう。
このわたしが仰ぎ見る
ほかならぬこの目で見る。
腹の底から焦がれ、はらわたは絶え入る。

（一九・二六〜二七）

「**仰ぎ見る**」と訳された語は、原語では「ハーザー」というヘブル語で、「**この目で見る**」は「ラーアー」といって「認める」というニュアンスをもつ言葉です。たとえば英語で「また会いましょう」はSee you againであることはご承知のとおりです。「**見る**」は、「会う」ことを意味します。

ヨブにとって、神は敵としか思えず、自分は神から敵視され、攻撃されているとしか思えないのです。しかし、その神を味方として会う日が来る。「私はこの希望に向かって生きていく」と言っているのだと思います。

肉とは

先ほど私は「**肉を離れて**」の訳を採ると言いました。「**肉**」と聞くと、骨のまわりの肉を思い浮かべます。もちろん、そういう意味で使われることもあります。しかし、たとえば「**肉を打つだけでは足りないのか**」（一九・二二）というヨブの言葉は、友人たちが棒か何かでヨブの肉を打っていると考える人はいないでしょう。「**肉**」という言葉は、家族とか富とか身分とか、この世の様々なものを指すことがあります。「あの人は肉的な人だ」と言えば「あの人はこの世的な人だ」という意味です。そういう肉と離れなければ、「**神を見る**」なんてことは起こりえないと思います。

神を見る

ヨブ記は、今後も延々と続きます。ヨブ記三八章からは、目も開けていられない砂嵐の中で、神がヨブに語りかけます。それは、ヨブには答えようのない創造の時のことなどです。それはその時、ご一緒に読むことにして、本日はヨブのこの言葉に注目したいと思います。彼は、神の言葉を聴き終わった時にこう言いました。

> **あなたのことを、耳にしてはおりました。**
> **しかし今、この目であなたを仰ぎ見ます。**（四二・五）

「**仰ぎ見ます**」は原語では「ラーアー」です。その結果、ヨブは人間であることを新たに考え直すのだと思います。神様とのやり取りの最後の言葉については、いくつも解釈があります。でも、今はふれません。とにかく「神を見る」こと、それも自分の敵としてではなく、味方として「神を見る」、神と出会う。そういうことが「**わたしを贖う方は生きておられる**」ということと密接に関係するのだと思います。生きた神と出会うことなしに、私たちは決して救われないからです。

生きるとは

ここで、生きることについて少し考えておきたいと思います。

「**人はパンだけで生きるものではない。神の口から出る一つ一つの言葉で生きる**」（申命八・三、マタイ四・四）とあります。しかし、「**神の口から出る一つ一つの言葉**」とは、天から皆に聞こえてくるのでしょうか。違います。

神の口から出る一つ一つの言葉を聴くためには「信仰」が必要です。信仰なくして、その声を聴くことはできません。「聴く」と言っても肉の耳で聴くわけではありません。聖書をとおして、また説教をとおして聴き、神様は生きておられることを知るのです。その言葉を聴くことができるとき、神様がどれほど深く私たちを愛してくださっているかを知るのです。

心が清い時

主イエスは、こうおっしゃいました。

心の清い人々は、幸いである。
その人たちは神を見る。　（マタイ五・八）

これは、心が肉から離れ、神に向かっている人間の幸いを言った言葉です。この世の幸いを求めて頑張ることで、私たちは不幸になっていくのです。この世の方を必死に見ているから、「神を見る」ことができず、私たちを贖ってくださる方と出会えないからです。

私たちの罪が赦されるために、十字架に磔にされた「**贖い主**」に出会える時は、私たちが悔い改めて「心が清い」時です。

信仰をもって地上を生きる

この地上を生きている限り、私たちは様々な経験をします。理不尽なこともあります。説明ができない不条理に直面することもあります。いつも速やかに神様の声が聴こえるわけではありません。また、聴こえても背くこともあるでしょう。しかし、神様は私たちを愛してくださっているから試練を与えられるのです。私たちの「**心を清める**」ために試練を与える場合もあるでしょう。そのことがわかるまで、私たちは苦しみます。でも、最も深い苦しみは、罪なき神の独り子が罪人の罪を背負って十字架の上で犯罪者として処刑されることでしょう。神様は、その様にして私たちの罪を赦してくださり、私たちを贖ってくださったのです。そして、神の独り子キリストは復活させられ、天に挙げられました。私たちはそのキリストに従うことによって、天に向かって歩んでいくことができるのです。

（二〇二二年十月十六日）

「ヨブ記」三二章〜三七章までの概略

三二章から三七章は、後代の付加と思えるエリフの言葉です。書き手は、これまでのヨブと友人たちとの議論を聞き、友人たちがヨブを論破できなかったことに不満を感じている人でしょう。ヨブは、宗教的な欺瞞を徹底的に否定し、友人たちは型通りのことしか言わないからです。

それに対して、エリフは神様の超越性を徹底的に強調します。

神に過ちなど、決してない。
全能者に不正など、決してない。（三四・一〇）
神が罪を犯すことは決してない。
全能者は正義を曲げられない。（三四・一二）
あなたが過ちを犯したとしても、
神にとってどれほどのことだろうか。
あなたが逆らっても、それはあなたと同じ人間に
あなたが正しくても（三五・六）

それは人の子にかかわるだけなのだ。（三五・八）

神と同じ地平に立った気になって、「神は間違っている」なんて言うヨブは「愚かにも言葉を重ねている」（三五・一六）ということになります。彼こそ傲慢であり、欺瞞に陥っているのです。エリフにしてみれば、ヨブは目を覚まして、自分は何者であるか、神は何者であるかをもっと知るべきなのです。

そして、エリフは苦難の教育的意義を強調します。

神は貧しい人をその貧苦を通して救い出し
苦悩の中で耳を開いてくださる。
神はあなたにも
苦難の中から出ようとする気持を与え
苦難に代えて広い所でくつろがせ
あなたのために食卓を整え
豊かな食べ物を備えてくださるのだ。
あなたが罪人の受ける刑に服するなら
裁きの正しさが保たれるだろう。
だから注意せよ
富の力に惑わされないように。
身代金が十分あるからといって
道を誤らないように。
苦難を経なければ、どんなに叫んでも

力を尽くしても、それは役に立たない。

（三五・一五〜一九）

苦難を経験することを通して出来事の本質を知ることがある、とエリフは言います。神の超越性にしろ、苦難の教育的意義にしろ、頷くことは多々あります。

そして、彼はこうも言います。

今、光は見えないが
それは雲のかなたで輝いている。
やがて風が吹き、雲を払うと
北から黄金の光が射し
恐るべき輝きが神を包むだろう。

（三七・二一〜二二）

「全くその通りだ」と思います。そして、神は人間には知りえない「**力を持って治めておられる**」（三五・二三）がゆえに、「**人の知恵はすべて顧みるに値しない**」（三七・二四）と言うのです。「全くその通りだ」と思う。でも、人間にはわからない。「理由を説明して欲しい」と神に訴えるヨブの姿勢は無意味だ、とエリフは言っているような気がします。でも、そうなのでしょうか、「それはちょっと違うのではないか」と、思います。考え続けることは無意味ではありません。

とにかく、「ヨブ記」は人の命について、世界の現実について、神について、信仰について、様々なことを考えさせるものです。

言いたいことはたくさんある

ヨブ記三二章一節〜二二節

ここで、この三人はヨブに答えるのをやめた。ヨブが自分は正しいと確信していたからである。
さて、エリフは怒った。この人はブズ出身でラム族のバラクエルの子である。ヨブが神よりも自分の方が正しいと主張するので、彼は怒った。また、ヨブの三人の友人が、ヨブに罪のあることを示す適切な反論を見いだせなかったので、彼らに対しても怒った。
彼らが皆、年長だったので、エリフはヨブに話しかけるのを控えていたが、この三人の口から何の反論も出ないのを見たので怒ったのである。
ブズ人バラクエルの子、エリフは言った。
わたしは若く
　あなたたちは年をとっておられる。
だからわたしは遠慮し
わたしの意見をあえて言わなかった。
日数がものを言い
年数が知恵を授けると思っていた。
しかし、人の中には霊があり
悟りを与えるのは全能者の息吹なのだ。

日を重ねれば賢くなるというのではなく
老人になればふさわしい分別ができるのでもない。
それゆえ、わたしの言うことも聞いてほしい。
わたしの意見を述べてみたいと思う。（中略）
ヨブはわたしに対して議論したのではないが
わたしはあなたたちのような論法で
　答えようとは思わない。（中略）
言いたいことはたくさんある。
腹の内で霊がわたしを駆り立てている。（中略）
いや、わたしはだれの顔を立てようともしない。
人間にへつらうことはしたくない。
気づかずにへつらうようなことを言ったら
どうか造り主が
　直ちにわたしを退けてくださるように。

受難週

本日からの一週間は、イエス様が十字架に向かったことを覚える受難週です。そして、今週の金曜日は、イエス様が十字架に磔にされたことを覚える受苦日です。その日から三日目の日曜日が、イースター（復活）礼拝の日となります。教会によっては、今週は受難週祈禱会をもち続けます。山梨教会では特別なことは何もしませんが、今週は特に「神とは何か」「罪とは何か」「正しいとはどういうことか」「イエス様の十字架や復活とは何か」を深く考えるべき週です。私たちは今週もヨブ記を読みつつそれらの問題を考えていきたいと思っています。

神・罪・正しさ

本日はヨブ記三二章です。ここから三七章まで、「エリフの弁論」と呼ばれる長い弁論が続きます。この弁論がヨブ記にとって「オリジナル」なものなのか、それとも「後代の付加」なのかについては学者の間で見解が分かれています。細かい議論は省きますが、私は「後代の付加」という立場で読んでいきます。ヨブはエリフに対して何も言っていませんし、結論部の散文物語の中にはエリフは一切出てこないからです。ただ、後の読者の弁論がここに出てくることによって、ヨブが問題にしていることに対して、三人の友人たちとは違った見方を知らされることは事実です。つまり苦難について、神について、正しさについて、不条理な現実についてなど、様々なことを新たに考えさせられるのです。皆さんも真正面から「苦難とは何ですか」「神様はどういう神様なのですか」「正しいってどういうことですか」と聞かれたら、言葉に詰まるのではないでしょうか。そういった問題を、考えていかねばならぬと思っています。

ヨブ記は過激な書物

ヨブは、この物語のなかで「ユダヤ人」として設定されていません。そこにも、ヨブ記作者の狙いがあると思います。理想的な信仰者は、「自分たちこそ神に選ばれた民だ」と誇っているユダヤ人の中にはいない、ということです。つまり、ヨブ記はそれまで常識とされていた体制とか、意識とかを根底からひっくり返す過激な書物なのだと思います。私たちは、放っておけばすぐにつまらぬ体制を作り出し、くだらない意識の奴隷になっているものです。そのことに気づく人は多くありませんが、ヨブ記を読んでいけば、すべてのことが、「表面的な反省だけ」では済まないはずです。

何が正義なのか

先日の新聞に、オリンピック開催に関する贈収賄事件のことが載っており、贈賄側の大手出版社の会長の言葉が紹介されていました。彼は理事の一人から賄賂を求められた時、「世の中はそういうものですから」と言って応じたそうです。「まさにそうだ」と思います。多分、日本などはまだ良い方ですが、表向きはどうであれ賄賂次第でどうにでもなるところは幾つもあるのだと思います。私たちも「地獄の沙汰も金次第」という言葉を知っています。確かに金の力は大きいとは思います。でも、金で「幸福」は買えませんし、金で「永遠の命」も買えない。そのことは、ちゃんと覚えておくべきでしょう。

何が正義なのか、何が勝利なのか。これは、ヨブ記が書かれた時代も変わることなく存在していた問題です。

正しさ

本日はヨブ記三二章ですが、その直前である三一章で、ヨブは自己の「潔白」を絶叫せんばかりに神様に訴えました。彼は、神から裁かれるような罪など犯したことはないと言っているのです。彼は嘗て「**わたしは知っている、わたしが正しいのだ**」（一三・一八）と言っていました。その「正しさ」は存在として罪を犯したことがないということではありません。若い時は罪を犯したけれど、今のような悲惨

の「潔白」を宣言し、「君主のように対決しよう」（三一・三七）と言うのです。

エリフ

エリフは、ヨブを言いくるめられないヨブの友人たちに怒りました。そして、「**ヨブが神よりも自分の方が正しいと主張するので、彼は怒った**」（三二・二）のです。ここで「**自分の方が**」と訳されている言葉は「ネフェシュ」です。「その人自身」とか、「その人の魂」というような意味です。しかしヨブは、「神様より自分の方が正しい」と言ったわけではなく、「自分はこんな裁きを受けるような罪は犯していない」と言ったのです。自分の現状が、友人たちが言うように自分の罪に対する神様の裁きなら、「神様の間違いだ」と言っているのです。「自分は神様よりも正しい存在だ」と言っている訳ではありません。そういう意味では、エリフはヨブを誤解していると思います。

でも神様は、ヨブの言うように間違うこともあるのか。神様は、常に正しいのではないか。神様も、部分的には間違うこともあるのか。それじゃあ、人間と同じではないか。「神様を信じるなんて成り立たないではないか」「正しい」とは何なのか。それが問題になります。

年功序列

ヨブの三人の友人たちは、ヨブに罪あることを示せませんでした。そのことにエリフは「怒った」のです。彼は友人たちに比べれば若かったので、これまで黙っていたことになっています。

時代はどんどん変化していきます。今、この国で崩壊してきている体制の一つは、終身雇用ですし、年功序列でしょう。嘗ては、就職すれば一生その職場にいるのが普通でした。今は、転職することが普通で、テレビではいくつも転職関係の宣伝があります。現代は、年功序列主義よりも能力主義が台頭してきたと言うべきだろうと思います。すべてが良い訳ではないと思いますが、すべてが悪い訳でもないでしょう。

エリフは年長者の手前、これまで黙っていました。でも、彼には「**言いたいことはたくさんある**」(三二・一八)のです。八節にありますように、「**悟りを与えるのは全能者の息吹**」(三二・八)だからです。高齢者が皆悟っているわけではありません。若い人が皆わかっていないわけではありません。それは、人によります。出来事から、何を学ぶかによるでしょう。実しか見ず、枝や幹や土を見ない人はリンゴから梨、梨から桃に変えるだけです。本質的には何も変わっていません。

エリフは、ヨブと友人たちの議論を聞き続けてきました。そして、友人たちはヨブに「**罪あることを示す**」(三二・三)ことができませんでした。だからエリフは友人たちの「**論法で答えようとは思わない**」(三二・一四)と言います。それがどういうことなのか、次回以降知らされたいと願っています。

神様に向かっていく

ヨブの友人たちの思想は「応報思想」と言われます。物事の結果には原因があると考えるのです。だから、言葉を絶するようなヨブの悲惨な現実は、自分たちは見ていないけれど、ヨブの「**罪**」に対する神様の「**裁き**」なのだと考えざるをえないのです。必然的に「ヨブは相当な罪を犯したのだ」となり、罪を犯した人間を裁くのは当然だから、「神様は正しい」となります。

それに対してヨブは、「自分は潔白だ、だから神様はこの点では間違っている」と言うのです。神様は正しい方だ、とヨブは思っている。だからこそ、「どう考えてもこれはおかしい。説明して欲しい」

と言うのです。ここまで、神様は何の説明もしてきませんでした。でも、そのお陰で、ヨブは自分のこと、神様のこと、正しさについて、苦しみについてなど、様々に考えさせられてきました。友人たちのように、わかってもいないのにまるでわかったかのように、神様の代弁をする偽善を犯すことはしませんでした。ヨブは、徹底的に神様に向かっていくのです。わからないことはわからないとし、言いたいことがあればちゃんと説明しろ、と言うのです。そして、あっちに行ったり、こっちに行ったりしま す。それはヨブの迷いのせいですが、ヨブが神様に向かっているからです。

契約

本日から受難週が始まります。主イエスは、これまでずっと行動を共にしてきた弟子たち、そして主イエスの言葉をずっと聴いてきた弟子たちに、「あなたがたは私を置いて逃げ去ることになる」と言いました。それは、主イエスだけがご存じでしたけれど、弟子たちと最後の晩餐を共にした直後のことです。この食事の時に、パンと葡萄酒が入った杯を、ご自身の体と血だとおっしゃり、それを弟子たちに配り、これが「**契約の血**」(マルコ一四・二四)だとおっしゃったのです。ここに「新しい契約」があります。それは、教会の中心に「聖餐の食卓」があるということです。山梨教会では月の最初の日曜日と三大祝日と創立記念礼拝に聖餐式を守っています。それは、教会は主イエス・キリストの命をささげた愛が中心であることを噛み締めつつ、主を讃美するためです。

その食事が終わった直後に、主イエスは弟子たちに、こう言われました。

「**あなたがたは皆わたしにつまずく。**

『わたしは羊飼いを打つ。
すると、羊は散ってしまう』
と書いてあるからだ。
しかし、わたしは復活した後、あなたがたより先にガリラヤへ行く。」（マルコ一四・二七～二八）

弟子の代表でもあるペトロは、「たとえ皆が躓いても自分は躓かない」と言い、「主イエスと一緒なら牢にも入るし、死んだって構わない。絶対主イエスを『知らない』なんて言いません」と言うのです。他の弟子たちも同じように言いました。しかし、その数時間後、主イエスが逮捕される時には弟子たちは逃げ、ペトロは、主イエスのことを「知らない」と三度も言いました。「私と主イエスは何の関係もない」ということです。その時、祭司長の官邸の中では、体制をひっくり返す危険人物として、主イエスを十字架で死刑にすることが決められていきました。そのために、人を死刑にする権限をもっているローマの総督ピラトを利用します。

神の正しさ

先週、私たちは日本キリスト教団信仰告白の中の、旧新約聖書は「キリストを証しし」という箇所について御言葉に聞きました。その際、ローマの信徒への手紙五・一～一一を読みました。その中でパウロはこう言っています。

敵であったときでさえ、御子の死によって神と和解させていただいたのであれば、和解させていただいた今は、御子の命によって救われるのはなおさらです。

（ローマ五・一〇）

御子イエス・キリストがパンと葡萄酒をもって「契約」を結んだのは、「御子と一緒なら死んでも良いです」と言いながら、主イエスが逮捕される時には転々ばらばらに逃げ、主イエスと自分は関係ありませんとした者たちなのです。教会は、そういう罪人たちの集まりです。復活の御子が召し集めたからです。そして、御子はこう言われるのです。

「あなたがたの罪は赦された。私があなたがたの代わりに十字架で裁かれた。神はあなたがたと和解してくださった。そして、あなたがたが新しく神に向かって生きることができるようにと、私を復活させて天に挙げ、神の右に座せられたのだ。今は聖霊によって、私はあなたがたと共に生きている。そのことを信じなさい。そして一人でも多くの人に、神が私によって与えてくださった『救い』を証ししなさい」。

私たちの神は、御子をキリストとして遣わしてくださった神です。御子は、弟子たちがご自分を裏切って逃げる者たちであることを承知の上で、いや承知しているからこそ、人間界にはない愛で愛し、ご自身の体と血で「新しい契約」を結んでくださったのです。そして、御子は十字架に磔にされたのです。父なる神は、罪のない御子を罪人として裁き、罪人の罪を赦し、罪人たちと和解する。そこに「神の正しさ」があるのです。こんな愛は神様にしかないし、この「正しさ」も神様にしかありません。

神様は、その御子を死人の中からよみがえらせました。罪の結果である死に対する勝利がここにあります。神様だけが、死を打ち破ることができるのです。その事実を信じるとき、罪人である私たちが死を越えた「新しい命」に生きることができるようになるのです。教会は、そのことを「**救い**」と言います。そして、その「救い」を宣べ伝え、一人でも多くの人が救われますようにと願ってキリストを証しているのです。

今年度も私たちは「**主は一人、信仰は一つ、洗礼は一つ**」（エフェソ四・五参照）を年間主題と決めました。山梨教会が一人の主を信じて、主を信じて生きる幸いを証できますように祈ります。

（二〇二三年四月二日　受難週）

これは何者か

主は嵐の中からヨブに答えて仰せになった。

これは何者か。
知識もないのに、言葉を重ねて
神の経綸を暗くするとは。
男らしく、腰に帯をせよ。
わたしはお前に尋ねる、わたしに答えてみよ。

わたしが大地を据えたとき
　お前はどこにいたのか。
知っていたというなら
　理解していることを言ってみよ。
（中略）
お前は一生に一度でも朝に命令し
曙に役割を指示したことがあるか

ヨブ記三八章一節〜一二節

大地の縁をつかんで
神に逆らう者どもを地上から払い落とせと。
（中略）
そのときお前は既に生まれていて
人生の日数も多いと言うのなら
これらのことを知っているはずだ。

挑戦者であるために

いよいよ三八章から神の弁論が始まります。

私たちは「内弁慶」とか「外弁慶」という言葉を知っています。私たちにはそれぞれのタイプがあります。攻撃している時は強いのだけれど、守りは妙に弱い。また、外では愛想が良いのだけれど、内では不愛想であるということもあります。いずれのタイプも一長一短で、「どちらが良い」という訳ではありません。

先日、「恩師」とも呼ぶべき方とメールのやり取りをしました。その方は、私などから見れば、「大御所」と言って良いような方なのです。しかし、その方の最終講義の題は「絶えず挑戦者《チャレンジャー》でありたい」というものでした。「挑戦者《チャレンジャー》である」ことは、かなりしんどいことです。私も、そういうことが少しわかってきました。「神様とはこういう者だ」「人間とはこういう者だ」と言いきれたら楽です。それは「大御所」の言葉ですから。でも実際は、神様のことはもちろん、人間のことも、自分のことも十分にはわかっていないものです。わかっていないのに、わかったようなことを言う「大御所」はいくらでもいます。しかし、過去の出来事を振り返り、現在の地上で繰り広げられている現実の本質を探りながら考え続ける。そういうことをしなければ何も学べず、本質的には何も変わらぬことを繰り返すほかありません。

「聖書」は、過去の出来事を徹底的に反芻している書物です。表面的に反芻しているのではなく、激しく求め続けているのです。そうしなければ、出来事の奥に隠れている本質は見えてきません。聖書に記されていることはすべて、その時その場で書かれたものではありません。出来事から数十年とか数百年とか経ってから書かれた文書です。もちろん、文書として書かれる前に口伝の段階があります。そういう段階を経ながら、次第に今の形になっていったものでしょう。文書として完成するのには相当な時間がかかっています。だから、私たちが「挑戦者」であり続けるためには格好の書物だと思います。

君主のように

それはそれとして、本日の三八章から「神の弁論」が始まります。三二章から三七章までの「エリフの弁論」は、「後代の付加」とする立場で私は読んでいます。後代の付加は無意味だというわけではありません。エリフの弁論も実に有益だし、面白いものでした。しかし、ヨブも神もエリフには言及していません。それだけが理由ではありませんが、エリフの弁論は後代の付加と考えられます。となれば、三八章の神の弁論は三一章のヨブの弁論に続く言葉となります。

三一章は、「ヨブの潔白の証明」と言われています。彼はこう言っています。

わたしがアダムのように自分の罪を隠し

咎を胸の内に秘めていたことは、決してない。

（三一・三三）

「罪を犯したことなどない」と言っているのではなく、「罪を隠蔽したことなどない」と言っているのです。その上で、彼はこう言います。

どうか、わたしの言うことを聞いてください。
見よ、わたしはここに署名する。
全能者よ、答えてください。
（中略）
わたしの歩みの一歩一歩を彼に示し
君主のように彼と対決しよう。

（三一・三五〜三七抜粋）

神へのヨブの言葉です。ここでは、神を「全能者」と呼んでいます。彼は、これまで語ってきた不条理とも言うべき様々な不正や、自分の身に起こった言語を絶する悲惨な現実の原因を「全能者」に説明して欲しい、「全能者」なら答えられるはずだと言っているのだと思います。

友人たちが言うごとく、罪に対する神の裁きとしてこの悲惨な現実があるとはヨブは承服できないのです。自分はそんな罪は犯していないし、隠しごともしていないのです。罪に対する「裁き」であるとすれば、神が間違ったことをしたとしか思いようがない。だから、彼は「君主」のように神と対決すると言うのです。そのヨブの姿を、頭に焼き付けておきたいと思います。

神の答え

その上で三八章を読んでいきます。

主は嵐の中からヨブに答えて仰せになった。（三八・一）

ニュースでご覧になった方もおられると思いますが、先日、猛烈な雨風の嵐に襲われた所が幾つかあります。嵐の中では、とても目を開けていられないでしょう。ここに出てくる「嵐」は砂嵐です。もちろん、目など開けていられません。詩編一四八・八には「**御言葉を成し遂げる嵐よ**」（一四八・八）とあります。旧約聖書では、神顕現の時や、神様がご自身の御心を実現する時などに「嵐」が出てくる場合があります。

ヨブは、こういう形で神様の言葉を聴くことになるとは思ってもいなかったでしょう。神様に訴え、説明して欲しいと胸倉を掴むようであっても、まさか全能者である神様が、自分に言葉で答えるとは思っていなかったように思います。

聖書の中では、神様はいつもこういう神だったのでしょうか。皆さんは、神様に尋ねたいことがあり、神様に説明して欲しいことがある時、祈りの形で、神様に訴えるでしょう。けれど、その答が音声で与えられることは無いと思います。答えは、数日、数週間、数年経って、「あれは、こういうことだったのだな」と知らされる。そういうことが多いと思います。

たとえば、ヤコブの十二人の男の子の一人であるヨセフは、十番目の子でした。ヨセフは、ヤコブが愛して止まないラケルが産んだ初めての子ということで、ヤコブに露骨な依怙贔屓をされて育ちます。

兄たちが良い気分でいるはずがありません。そして、遂にヨセフは兄たちからエジプトに奴隷として売られ、不当なことで牢獄に入れられる囚人になってしまう。そこから、彼はエジプトの王に用いられることになり、エジプトの総理大臣にまでなってしまうのです。そして、飢饉に襲われた総勢七十名のヤコブ家の者たちが、ヨセフのお陰で穀物があるエジプトに住めるようになったのです。その時、ヨセフは「これまでの自分の辛い経験はこのためだったのだ。神は、悪を善に変えてくださるのだ」とわかりました。そのことをヨセフがわかるのに、数十年がかかったのです。

ヨブ記には、一切の日付が書かれていません。だから、ヨブの場合だって、この「嵐」が来るまでにどれくらいの日数がかかったかはわかりません。一週間だったのか、数週間だったのか。数か月あるいはもっと長かったのかわかりません。そのように書かれているのだと思います。

主　ヤハウェ

ここで、「主」と出てきます。原文はヤハウェです。神のことです。イスラエルの神の固有名詞と言った方が良いかもしれません。「私はヤハウェを神とする」が、イスラエルの信仰告白です。多神教が当たり前の時代に、その信仰告白は唯一神を信じる信仰を現します。ヨブ記では、三章以降、エル、エロヒーム、エロアハ、全能者を表すエルシャダイと様々な言葉で「神」を表してきました。しかし、ここでヤハウェが出てきます。それらの名前が使われてきた神は、ヤハウェなのだということでしょう。この「ヤハウェ」は、ヨブ記の一章二章に頻繁に出てきます。

神の使いを天上に集めた時に、主は地上のあちこちを行き巡っていたサタンに「ヨブほどの信仰者は地上にはどこにもいないだろう」と自慢気に言いました。それを聞いてサタンは、「人間の信仰は結局のところ御利益信仰です。なんの利益もないのに神を信じ、神に従う信仰なんてあるわけがありません」と言いました。そういうところからヨブ記という物語は始まります。

そして、大金持ちで、家族にも恵まれ、町の名士であったヨブが、すべてを失い、さらに汚れた人間として皮膚病に全身が覆われるということが起こったのです。当然のことながら、彼は町から追い出され、灰の上に座り、陶器の破片で皮膚を掻かねば痒くて堪らないという悲惨な状況になりました。それは、ヨブを愛する妻が「苦しみから解放されるためには、死んだ方が良いのでは」と言わざるをえないほどでした。

ヨブは、当初、「わたしは裸で母の胎を出たのだから、裸でかしこに帰ろう」とか、「私たちは神から幸いを受けたのだから、不幸をも受けるべきではないか」と言っていたのです。でも、次第に納得がいかなくなっていきました。

光　闇

そうこうしているうちに、彼に起こったことを聞き、慰めるために三人の友人たちがやって来ましたが、ヨブに起こったことのあまりの悲惨さに絶句し、ヨブと共に七日間、地面に座って、話しかけることもできませんでした。

その後、ヨブは口を開き、こう言ったのです。

わたしの生まれた日は消えうせよ。
男の子を身ごもったことを告げた夜も。

その日は闇となれ、
神が上から顧みることなく
光もこれを輝かすな。

（三・三〜四）

これは、「光あれ」という言葉をもって、万物を創造した神の創造の業を否定する言葉です。
そして、ヨブはこう言います。

なぜ、わたしは母の胎にいるうちに
死んでしまわなかったのか。

（三・一一）

静けさも、やすらぎも失い
憩うこともできず、わたしはわななく。

（三・二六）

これは「死にたい」という気持ちの表明であると共に、神の創造を否定しているのだと思います。ヨブ自身は気づいていないでしょうが、それはすべての人間を否定していることです。そして、「神は間違ったことをしているのではないか」という疑いがここにはあります。そしてその「疑い」は、自分は「君主のように神に近づくのだ」という思いになっていくのでしょう。

神の経綸

そういうヨブに、主は嵐の中から語り掛けます。

これは何者か。
知識もないのに、言葉を重ねて
神の経綸を暗くするとは。（三八・二）

ここで攻守が交代します。これまで、ヨブは神に問い、訴える存在でした。ヨブに起こっている現実は、ヨブの罪に対する神の裁きなのか。この世にある様々な不正や残虐な現実は、その人間の罪に対する神の裁きなのか。それじゃあ、重病に襲われた人間や、拷問された上に殺された人間、無理やりレイプされた女性は、自分の罪の裁きを受けたのだから「当然だ」ということになる。しかし、そんな馬鹿なことはない。じゃあ、どうしてそんなことがあるのだ。

ヨブは嘗て「**生きていたくない**。**神は無垢な者も逆らう者も、同じように滅ぼし尽くされる。……ちがうというなら、誰がそうしたのか**」（九・二一～二四抜粋）と言っていました。不正や残虐な行為がある理由を説明して欲しい、と神に訴えてきたのです。これは、私たちの思いと同じではないでしょうか。私たちは、自分に起こっていることも、世間で起こっていることも、なぜ起こっているのか、その時にはわかっていないことが多いのです。そして、そのことを受け入れられない時、私たちはイライラしますし、場合によってはもう「**生きていたくない**」と思ったりすることもあります。そして、私たちは「**君主**」のような気分でいますけれど、何もかも自分の思いどおりになっているわけではありません。

「**経綸**」とは、神様の計画とか意図を現します。私たちは自分を「君主」だと思ったとしても、地上のことはもちろんですが、天上のことなどに関して全く無知で無力です。でも、私たちにはわからなくても、結局、神の経綸が実現するのではないかとも思います。

答えてみよ

主は続けてこう言われます。

男らしく、腰に帯をせよ。
わたしはお前に尋ねる、わたしに答えてみよ。
（三八・三）

この「男らしく」（ゲベル）は嘗てヨブが「男の子を身ごもったことを告げた夜も」（三・三）と言った時の「男の子」と同じ言葉です。そしてヨブは「全能者よ、答えてください」（三一・三五、アーナー）と言っていましたが、ここでは主に「わたしはお前に尋ねる、わたしに答えてみよ（ヤーダー、知らしめよ）」と言われています。

そして、主はこう言うのです。

わたしが大地を据えたとき
お前はどこにいたのか。
知っていたというなら
理解していることを言ってみよ。
（三八・四）

現代に生きる私たちは「地球は丸い」と知っていますから、当たり前のように「地球」と言います。そして、太陽や星が地球の周りを回っているのではなく、「地球が太陽の周りを回っている」ことを知っています。でもそれは、人類の歴史の中ではつい最近知ったことです。それ以前は、地上は丸くありません。

それはとにかくとして、ヨブは主によって大地が据えられた時にいるわけがありません。だから「**答えられる**」わけがないのです。神の問いかけは、ヨブが知っているわけがないことが続きます。つまり「お前は君主気取りだが、何も知らない一介の被造物なのだ」と、神はおっしゃっているのです。

主はこう言われます。

そのときお前は既に生まれていて
人生の日数も多いと言うのなら
これらのことを知っているはずだ。
（三八・二一）

主の皮肉です。主は、ヨブに目を覚ましてもらいたいのです。錯覚に陥った状態から正気に戻って欲しいのです。

そして、主はこうも言われます。

お前は一生に一度でも朝に命令し
曙に役割を指示したことがあるか

大地の縁をつかんで
神に逆らう者どもを地上から払い落とせと。　（三八・一二〜一三）

この言葉は、人間とは何か、神とは何かに関連しますから、これからの箇所を読んでいくべきだろうと思います。しかし、ここで言えることは、神に逆らう者の蛮行を神は望んではおられないということです。ヨブは嘗て、神は「**無垢な者も逆らう者も同じように滅ぼし尽くされる**」（九・二二）と言いましたが、主は「お前は一度でも神に逆らう者を追い落とせと曙に指示したことがあるのか」と問われるのです。何もかも神がするのか。人間とは何か、人間のすべきことは何か。そのことをよく考えよ、と主は言われているのではないか、と思います。

なんと深いことか

ここを読みつつ、私はローマの信徒への手紙一一章三三節以下のみ言葉を何度も思い浮かべました。


ああ、神の富と知恵と知識のなんと深いことか。だれが、神の定めを究め尽くし、神の道を理解し尽くせよう。

「いったいだれが主の心を知っていたであろうか。

だれが主の相談相手であっただろうか。

だれがまず主に与えて、
その報いを受けるであろうか。」

すべてのものは、神から出て、神によって保たれ、神に向かっているのです。栄光が神に永遠にありますように、アーメン。

（ローマ一一・三三〜三六）

すべての人を憐れみ、救うために、ご自身の御子イエス・キリストを罪人として裁く。そのことによって、自分の罪が赦され、新しい命が与えられることを信じて悔い改める者たちは、肉体の命の生死を越えて神に向かって生きる命が与えられるのです。私たちは、なぜかその福音を信じるキリスト者にされました。「自分のことは自分が一番よく知っている」などと錯覚してはなりません。地上のこともわからないことだらけです。ヨブの友人たちやエリフのように、わからないことを、まるでわかったかのように説明してはなりません。

ただ、神様は私たち罪人を救うために、罪なき神の独り子を罪人として裁いてくださったところに**「神の富と知恵と知識」**の深さがあることを、私たちは知っています。そこに**「神の道」**があり、私たちはなぜか神様に選ばれ、その「道」を歩む者にされ、キリストの証人にされていることを知っています。べつに特別なことをする必要はありません。ただ、自分はキリストの十字架の死と復活によって新しい命を与えられている福音を信じ、感謝し、神様を讃美しつつキリストに従って歩むのです。「私はキリスト者です」。それが**「これは何者か」**という神の問いに対する、私たちの答えです。

（二〇二三年七月二日）

その時、お前はそこにいたのか

お前は雪の倉に入ったことがあるか。
　霰の倉を見たことがあるか。
災いの時のために
戦いや争いの日のために
　わたしはこれらを蓄えているのだ。
光が放たれるのはどの方向か。
東風が地上に送られる道はどこか。
誰が豪雨に水路を引き
稲妻に道を備え
まだ人のいなかった大地に
無人であった荒れ野に雨を降らせ
乾ききったところを潤し
青草の芽がもえ出るようにしたのか。
雨に父親があるだろうか。
誰が露の滴を産ませるのか。

ヨブ記三八章二二節〜四一節

誰の腹から霰は出てくるのか。
天から降る霜は誰が産むのか。
水は凍って石のようになり
深淵の面は固く閉ざされてしまう。

すばるの鎖を引き締め
オリオンの綱を緩めることがお前にできるか。
時がくれば銀河を繰り出し
大熊を子熊と共に導き出すことができるか。
天の法則を知り
その支配を地上に及ぼす者はお前か。
お前が雨雲に向かって声をあげれば
洪水がお前を包むだろうか。
お前が送り出そうとすれば
稲妻が「はい」と答えて出て行くだろうか。
誰が鴇に知恵を授け
誰が雄鶏に分別を与えたのか。
誰が知恵をもって雲を数え
天にある水の袋を傾けるのか。
塵が溶けて形を成し
土くれが一塊となるように。

お前は雌獅子のために獲物を備え
その子の食欲を満たしてやることができるか。
雌獅子は茂みに待ち伏せ
その子は隠れがにうずくまっている。
誰が烏のために餌を置いてやるのか
その雛が神に向かって鳴き
食べ物を求めて迷い出るとき。

技術と人間

私たちは、ニュースで大雨や洪水の被害などを知らされています。言うまでもないことですが、私たち人間は雨や風に対して全く無力です。気をつけたり、備えたりすることしかできません。最近は宇宙からのカメラで雲の様子は知ることができますが、雨雲が何時何処で発生し、どれ位雨が降るのかについて何かができるわけではありません。様々な技術は発達して予測はできても、人間そのものが自然に対して無力であることについては、昔も今も変わりません。それは今後も変わらないでしょう。

知っている？

三八・二一までで目立つのは「**知っている**」という言葉です。神様は、「私が尋ねるから答えてみよ」と言われ、「**わたしが大地を据えたとき、お前はどこにいたのか。知っていたというなら、理解していることを言ってみよ**」（四節）と言われました。神によって大地が据えられた時、ヨブが存在しているわけがありません。そんなことは、神様もわかっています。だからこの言葉は「君主」気取りのヨブを茶化し、人間とは何であるか、自分とは何であるかを教えておられるのです。

誠実

ここで神様は、ヨブが必死になって問うてきた問題に少しも答えません。私たちは、「これはどういうことだ。神様は不誠実ではないか」と思います。でも、そうなのでしょうか。

言葉を受け止める度量が相手になければ、答えない方が良いこともあります。同じ言葉を使っていても、全く違う次元で理解していることが明らかな場合、その問題に関する言葉を使わない方が良いということがある。それは不誠実なことではなく、ちゃんと目を開かせることです。そういうことは、人間同士の間でもしばしばあることです。

話が少し横道に逸れますが、「無知の知」という言葉は多くの人が知っています。紀元前のギリシャの哲学者ソクラテスの言葉です。「自分は何もわかっていないことを知るのは、何もしないでわかることではない」と思います。ノーベル医学賞を贈られた方も、「自分は人の体のごく一部を知ったにすぎない。人体には無限と言ってよいほど未知がある」とおっしゃっていました。それも人体について多くを知った人が、わかったことでしょう。

自由

さらに、「ヨブが問うたことに主が答えなければならない」という構図は、主から自由を奪うことになるのではないかと思います。人間が問えば、主なる神がその問題に関して答えなければならないとなれば、神の自由はないからです。それは人間からも自由を奪うことになり、それは神を神でなくし、人間を人間でなくすることとです。

神様は人間のどんな問いにも答えることで、ご自身の誠実を現すわけではありません。その点を、私たちは勘違いしてはなりません。神様は、ここでヨブが何者であるかを、知らせようとしているのだと思います。自分が「君主」のようであると思う「錯覚」から、目を覚まさせようとしているのです。目を覚まさせなければ、言葉が通じないからです。神様は、はぐらかしているのではなく、人間とは何か、自分とは何かについて、ヨブにわからせようとしているのです。そして、人間は知らないのに知ったかぶりすることを知らせているのです。

知る・できる

二一節にこうあります。

そのときお前は既に生まれていて
人生の日数も多いと言うのなら
これらのことを知っているはずだ。

ヨブが創造の時にすでに生まれていたわけがありませんから、これは神様の痛烈な皮肉です。ここにも「**知っている**」という言葉が出てきます。二一節までは、どちらかと言うと、人間は無知であることを言っているのでしょう。人間は、創造の最初に造られた「**光**」について無知だし、「**暗黒**」「**深淵**の底」「**死の門**」について無知だと言うことです。

それに対して、二二節以下は、人間の「無力」さを言っていると思います。二二節からは雪、霰《あられ》、太陽、稲妻、雨、霜、氷、星座、洪水、鴇《とき》、雄鶏、獅子、烏などが出てきます。そして、三一節、三二節三九節に「**できるか**」という言葉が出てきます。人間は天候の様々な事柄に対して何も影響を与えることはできない。ましてオリオン座を初めとする星座に対しては無力です。そして、様々な野生動物の生態系を作ったわけでもない。私たち人間は、そういうものを観察し、その意味を探り続けている。それは大事なことです。しかし、それらのものを「造った」わけではありません。探り続けるのは人間だけがすることですけれど、それらのものを造ってはいないし、「**天の法則**」(三三節)を造った訳でもありません。私たちは、何のためにそれらのものはできたのかを探っているのです。それはとても大事なことだし、これからも続けられていくことです。しかし、繰り返しますが、人間はそれらのものを「造った」わけではありません。

死

私たちは誰でも「死」について考えたことがあると思います。生きるとか死ぬとかについて様々なアプローチがあり、研究もされています。しかし、生とは何か、死とは何かは、この先もずっと問われ続ける問題です。

三八・一六〜一七を読みます。

お前は海の湧き出るところまで行き着き

深淵の底を行き巡ったことがあるか。
死の門がお前に姿を見せ
死の闇の門を見たことがあるか。

神様はヨブに、「死とは何かをお前は知っているのか」と言っているのでしょう。「死」について考えるのは、子どもも大人も同じです。そして、大人も子どもも「死とは何か」がわからない。それも同じだと思います。わからないからこそ、わかったような振りをすることもよくあります。生を考えるためには、死を考えなければなりません。でも、死が何かはわからないので誤魔化す場合もよくあると思います。必然的に生も誤魔化すことになります。

日本では、死んだ人のことを「天国に行った人」と考える傾向があります。生きている時に、この世でどんなことをしても、「死んだらみんな天国に行く」ということでしょう。それは、「死者のことは悪く言わない」ということでもあると思います。そこには、「死後のことはわからないし」という思いもあるでしょう。そして、「生前は何をしようと、死後は皆天国に行くのだ。自分も行くのだ」という希望的観測もあると思います。しかし、その根っこにある思いは、「死人に祟られたら困る」という思いのような気がします。

いずれにしろ、死に対して人間は全く無力ですし、死の後のことは何にも知らないことは事実です。「無」なのかもしれませんし、「天国」と言われるようなものがあるのかもしれません。科学的な証拠をもって、それは「ある」とか「ない」とか言うことはおかしなことです。いずれも証明できることではありませんから。

神の霊

新約聖書の中のコリントの信徒への手紙一に、こういう言葉があります。飛ばして読みます。

> 世は自分の知恵で神を知ることができませんでした。それは神の知恵にかなっています。そこで神は、宣教という愚かな手段によって信じる者を救おうと、お考えになったのです。（中略）わたしたちは、十字架につけられたキリストを宣べ伝えています。（中略）召された者には、神の力、神の知恵であるキリストを宣べ伝えているのです。神の愚かさは人よりも賢く、神の弱さは人よりも強いからです。（一・二一～二五抜粋）

私たちは「この世」を生きていますし、科学的なエビデンスがない話は、信用できないことを知っています。そして、それは大事なことです。しかし、科学的知識とか知恵で、私たちは「神を知る」のでしょうか。科学的知恵で、「神はいる」とか「神はいない」とかを言えるのでしょうか。「言う」とすれば、それこそ「科学的」言説ではありません。

「**神の愚かさは人よりも賢く、神の弱さは人よりも強い**」（コリント一　一・一五）のです。つまり、神と人間は、次元が違う。ヨブが「**君主のように彼**（**神**）**と対決する**」（三一・三七）なんて言い、神と自分を同等の存在として見ていることは実に愚かなことなのだと思います。

信じる

私たち人間は「信じる」存在でもあります。このことが、詐欺を初めとする様々な犯罪の温床になっていることは事実です。「信じればよい」ということではありません。しかし、人間と近いと言われる猿は「信じる」のでしょうか。人間だけが信じるのです。信仰は人間の特性でしょう。

しかし、「神を信じる」という信仰も人間が自分でもったわけではありません。私たちは、その点では全くの無力なのです。信仰は賜物です。神様が与えてくださったものです。そしてそれは霊的な事実です。科学的知恵による事実ではありません。神に召された者、招かれた者にとっての事実です。

コリントの信徒へ手紙を書いたパウロは、この先でこう言っています。

わたしたちには、神が〝霊〟によってそのことを明らかに示してくださいました。（中略）わたしたちは、世の霊ではなく、神からの霊を受けました。それでわたしたちは、神から恵みとして与えられたものを知るようになったのです。

（二・一〇〜一二抜粋）

これは大事な言葉です。神のことは、神が送ってくださる「霊」によって知るのです。そして、「霊」によって、神が与えてくださった「**恵み**」を知る。つまり、「**信じる**」ことによって知るのです。

死の闇

いつものことですが、ヨブ記の三八章も最初はちんぷんかんぷんでした。何度も繰り返し読みつつ、次第に次の聖句が浮かんできました。私たちは死のことを考え、死後のことを考える存在です。ある意味では、そういうことを考え、それを知らされる唯一の動物であると言えると思います。

ペトロの手紙一に、こういう言葉があります。

キリストも、罪のためにただ一度苦しまれました。正しい方が、正しくない者たちのために苦しまれたのです。（中略）霊においてキリストは、捕らわれていた霊たちのところへ行って宣教されました。この霊たちは、ノアの時代に箱舟が作られていた間、神が忍耐して待っておられたのに従わなかった者です。

（三・一八〜二〇抜粋）

その先で、ペトロはこう言います。

死んだ者にも福音が告げ知らされたのは、彼らが、人間の見方からすれば、肉において裁かれて死んだようでも、神との関係で、霊において生きるようになるためなのです。

（四・六）

神の御独り子なるイエス様は、神様の御心を体現されました。だから罪を犯すことがない「正しい方」なのです。しかし、その「正しい方」が、罪人を神のもとに導くために、罪に対する神の裁きを受けられたのです。それは、この世においては決して正しいことではないし、ありえないことです。しかし、神様はそういうことをなさった。そこに「神の正しさ」が現れているのです。そんな「正しさ」を信じ、その「正しさ」によって罪人の罪が赦されて、神のもとへ導かれることを受け入れるなんて、神様の霊を与えられなければありえないことです。

罪の赦し

キリストは十字架で死んで、ノアが箱舟を造っている間、神様が忍耐して待っていたのに従わず、結局大洪水に飲み込まれてしまった者たち、つまり、罪に対する神様の裁きを受けた者たちに「**宣教した**」（三・一九）というのです。つまり、「**死んだ者にも福音が告げ知らされた**」（四・六）のです。ペトロは、神から送られた霊によってその事実を知らされました。つまり、福音を信じた者は、「死の暗黒」が「光」に変えられ、最後の勝利者は「死の闇」ではなく「命の光」であることを知らされたのです。

私たち人間が罪人を救えるわけがないし、暗黒を光に変えられるわけがありません。しかし、神様の御独り子イエス・キリストが私たちの罪の裁きを十字架で受けてくださったのです。そして、死者の国である陰府に下り、「私の十字架の死のゆえにあなたの罪が赦される。そして、私の復活に与って新しい命に生きることができる。あなたはその福音を信じるか」と問われるのです。神の霊を与えられて、その福音を信じる者は、肉体の生死を越えた新しい命を与えられます。それはすべて神様の業であり、それが何人であろうと召された者にとっては「霊的な事実」です。私たちはそのことに対して全く無力です。

人間とは

人間とは、死に対して無知にして無力な存在です。しかし、神様と出会うことができる存在です。そして、幸いなことに私たちは神様に召され、神様の霊を与えられています。そして、人間の知恵や知識では考えられない「**正しさ**」によって罪赦されて、神様に導かれているキリスト者にされています。私たちは「**深淵の底**」を知りませんし、「**死の闇の門**」を見たことはありません。でも、神の御子キリストが陰府に行き、福音を語ってくださったのです。そして復活し、天に挙げられた。もはや、キリストに打ち勝つ「**死の闇の力**」はありません。そして、そのキリストが、今も私たちキリスト者と共に生きてくださっているのです。私たちは、その霊的な事実を信じる者とされている。そして、その信仰の歩みがキリストを証する歩みなのです。有り難いことです。

（二〇二三年七月九日）

お前は知っているか

お前は岩場の山羊が子を産む時を知っているか。
雌鹿の産みの苦しみを見守ることができるか。
月が満ちるのを数え
産むべき時を知ることができるか。
（中略）
駝鳥は勢いよく羽ばたくが
こうのとりのような羽毛を持っているだろうか。
駝鳥は卵を地面に置き去りにし
砂の上で暖まるにまかせ
獣の足がこれを踏みつけ
野の獣が踏みにじることも忘れている。
その雛を
　自分のものではないかのようにあしらい
自分の産んだものが無に帰しても
　平然としている。

ヨブ記三九章一節〜三〇節

神が知恵を貸し与えず
分別を分け与えなかったからだ。
だが、誇って駆けるときには
馬と乗り手を笑うほどだ。

お前は馬に力を与え
その首をたてがみで装うことができるか。
馬をいなごのように跳ねさせることができるか。
そのいななきには恐るべき威力があり
谷間で砂をけって喜び勇み
武器に怖じることなく進む。
恐れを笑い、ひるむことなく
剣に背を向けて逃げることもない。
その上に箙が音をたて
槍と投げ槍がきらめくとき
身を震わせ、興奮して地をかき
角笛の音に、じっとしてはいられない。
角笛の合図があればいななき
戦いも、隊長の怒号も、鬨の声も
遠くにいながら、かぎつけている。

鷹が翼を広げて南へ飛ぶのは

お前が分別を与えたからなのか。
鷲が舞い上がり、高い所に巣を作るのは
お前が命令したからなのか。
鷲は岩場に住み
牙のような岩や砦の上で夜を過ごす。
その上から餌を探して
はるかかなたまで目を光らせている。
その雛は血を飲むことを求め
死骸の傍らには必ずいる。

神の経綸

本日与えられたのは、ヨブ記の三九章のみ言葉です。言うまでもなく、三八章から始まった「神の弁論」の続きです。私は、三二章から三七章のエリフの弁論は後代の付加とする立場です。そうなりますと、三一章で「**君主のように彼（神）と対決しよう**」（三一・三七）と豪語しているヨブに向かって、主はこう言われたということになります。

これは何者か。
知識もないのに、言葉を重ねて
神の経綸を暗くするとは。

男らしく、腰に帯をせよ。
わたしはお前に尋ねる、わたしに答えてみよ。

（三八・二～三）

「神の経綸」とは、神のご計画のことです。その「経綸」をヨブは否定していると、「主」はおっしゃるのです。そして、「これから、わたしの経綸の一端を質問の形で語る。それに『答えてみよ』」と、言われる。ここで、神様とヨブの攻守が大逆転します。と言いましても、彼らの関係は複雑です。いわばヨブは被害者です。具体的なことは一切省きますけれど、天上で「ヨブの信仰は素晴らしい。あんな人間は他にはいない」と自慢気に話す神に向かって、サタンは言うのです。

「人間の信仰なんて所詮ご利益信仰にすぎませんよ。何やかんや言っても人間にとって一番大切なのは自分の命で、神様なんかじゃありませんよ」。

神様とサタンの天上における対話を、ヨブは全く知りません。だから彼は、自分の身に起こった言語を絶するような悲惨な出来事の原因については全くわからない。それが、「ヨブ記」という物語の前提だと思います。

彼は七日の沈黙の後、神様に猛烈に問い、説明を求め始めました。

「自分は、こんな裁きを受ける罪を犯したことはない。この点だけでなく、神様のやっていることは間違っていることが幾つもある。今の自分は、神様より正しいのだ」。

つまり、「神様が間違っている」ということです。神様が何の説明もしないなら、「そういうことになってしまう」とヨブは言っているのです。

正しい

ヨブの歩みは山あり谷ありですし、紆余曲折しているものです。しかしそれは、一本の筋が通っているからこそできるものです。その一本の筋、それは「神は正しいことを行うはずだ」という思いです。

私たち人間は基本的に「自分を正しい」とします。しかし、自分ほど「危ういもの」はありません。そして、私たちは誰もがエゴイストですから、何でも自分中心に考えます。自分にとって得か、損かが基準なのです。その損得も極めて表面的なものですから、自分は得する道を選んだつもりでも、長い目で見れば、損であることもしばしばあります。

よく、「失敗は成功の母である」と言われます。「あの時失敗したから、今回は成功した」ということです。それは「失敗の原因とか理由を探求したから」でしょう。そうだとすれば、あの時の「失敗」は「成功を生み出す失敗」であり、「単なる失敗」として抹殺すべきものではなくなるでしょう。

「正しさ」もそういう面があります。「間違った」ことをしてしまったからこそ、「正しい」ことをするようになったのであれば、「間違った」ことをしたことは、「正しい」ことをするのに必要だったとも言えます。もちろん、間違ったことをしない方が良いと思いますが、「一度も間違ったことをしたことがない」人間なんているのでしょうか。

神は正しいことをしているのか

彼は、あくまでも「正義（正しさ）」に執着します。

「神は正義を行うべきではないか。でも、私の悲惨な現実は、友人たちが言うように、私の罪に対する裁きなのか。だとすれば、神は間違っている。そして世の中の現実にも、目を覆いたくなるような悲惨なものもあるではないか。」

と、ヨブは言うのです。

そういう思いの果てに、「君主のように神と対決しよう」（三一・三七）と、言ったのだと思います。

神は、これまでずっと沈黙していました。しかし、ここに至って、ついに口を開かれました。

有罪　無罪

本日は、三九章の言葉です。でも今はちょっと先取りして読みます。そこで、主はヨブにこうおっしゃっています。

お前はわたしが定めたことを否定し
自分を無罪とするために
わたしを有罪とさえするのか。
（四〇・八）

ヨブを錯覚から覚ましたい。そういう思いが「主」にはあると思います。「自分が正しい、主が間違っている」。ヨブは、そう考えている。しかし、ヨブに限らず、人間は「自分は無罪だ。神の方が間違っている」と高ぶっていても、神と人間は、全く次元が違います。それなのに、人間は自分の次元でしか考えることができません。そして、表面的にして自己中心にしか考えていません。ある人が、「人間は自分のことを客観的に分析できなければいけない」と言っていましたが、おそらく神様もそうおっしゃっているように思います。「人間とは何か」を深めていくためには、そういう視点は必要です。

弱肉強食

三九章は一節から三〇節まであって長いので、一節、二節の後は、駝鳥が出てくる一三節に飛んで読んでいただきました。三九章には、野生の山羊、**女鹿**、**野生のロバ**、**野牛**、**駝鳥**、**馬**、**鷹**、**鷲**が出てきます。本日は一つひとつの問いではなく、「神様が人間に問うこと」自体を考えていきたいと思います。そして、「人間とは何であるか」について少し考えるつもりです。

私たち人間は、野生動物を観察はできても、コントロールすることなどできません。生きている次元が違うのです。まして、彼らを創造したわけがありません。しかし、「主」はご自身の経綸をもって、彼らをお造りになり、生態系の中に入れたのです。ご承知のように、野生動物の世界は弱肉強食の世界です。でも、私たちは野生動物ではないでしょう。だから、その世界も弱肉強食の世界ではないはずです。

創世記一章によれば、私たちは神に似せて造られ、神に象られ、神の業をすべく立てられたものです。私たちは神に従う「僕」であって、「君主」ではありません。

問いを立て続けに出しつつ、神様は、「人間とは何者なのか、何をすべきなのか」を、ヨブに考えさせておられるのだと思います。

人権感覚

私は先程「私たちは野生動物なのでしょうか」と言いました。私たちは弱肉強食の世界を作り出し、その世界の中で生きる者なのかということです。当然違います。しかし、私たちの現実は弱肉強食なのではないか、と思わざるをえない面があることは事実だと思います。

「人間の歴史は戦争の歴史だ」とも言われます。幸いなことに、日本では第二次世界大戦後、戦争がありません。しかし、「専守防衛」は結局「先制攻撃」に行き着くことは、最近の情勢を見てもわかることです。そして、世界の各国が防衛費を増大しています。隣国がいつ何時、侵略してくるのかわからないからです。「正義が勝つ」のではなく、「勝った者が正義」なのです。そして、勝った者が勝手な理屈をつけて領土とか、資源とか人を独り占めする。しかし、今は、ロシア人の兵士も多く死に、ウクライナでは、兵士はもちろんのこと、子どもを含む市民も多く死んでいます。しかし、死ぬような目に遭わない権力者とか富裕層もいます。

私たち人間は、そういう不平等、不条理を作り出すものです。結局、「人権感覚」が希薄なのです。「人権感覚」とは、「私たちは皆、神に造られた被造物であり、一人ひとりが神に愛されている人間だ」という思いによって育つ感覚です。

ある新聞に、ロシア軍の司令官の言葉が載っていました。彼は、部下に向かって「お前たちは肉だ」と言ったそうです。名前があり、親や兄弟姉妹があり、恋人や妻、子どももいるかもしれない「人間」

ではない。替わりが幾つもある「肉」にすぎない。味方だって皆「肉」なのですから、敵は兵士であれ、武器を持たない市民であっても「肉」だということでしょう。「どういう方法でも構わない。とにかく抹殺すべき『肉』です」。

私たちは、自分のことを、かけがえのない一人の「人間」だと思うことによって、他人のことを尊重する「人権感覚」が養われると思います。他人を汚す者は、自分では気づいていないのですが、自分を汚しているものです。しかし聖書は、神がかけがえのない一人の人間として私たちを見ておられることを知らせてくれます。私たちは皆、神が愛をもって造ってくださった被造物だからです。そして私たちを人間として生かすために、ご自身の御子を十字架につけ復活させてくださったからです。その福音に「人権」の基礎があります。そのことを忘れると、私たちは高ぶったり、落ち込んだりします。ヨブもそうです。自分とか他人が、自分をどう見ているかが問題ではなく、神がどう見ているかが問題なのです。

人間とは

神が、野生動物に問いかけるでしょうか。そんなことは、あるわけがありません。人間だけが本能とは別に「考える」存在であり、人間だけが神の問いかけを受ける存在です。

ここで神様は、「お前は人間だろ? 目を覚ませ」と、おっしゃっているのだと思うのです。しかし、私たちはこういう形で神様に問われ、「**わたしに答えてみよ**」なんて言われたことはないでしょう。でも、後に起こった出来事を通して「ああ、神様はこう考えておられたのだな〜」と知らされることがあります。そのことをとおして、自分が神様に背いていた事実を知らされることがあります。そして、そういう自分を神様は御子イエス・キリストのゆえに赦してくださり、今も導いてくださっているのだと知らされることがあります。また、教会の中で「神様は生きて働いておられるのだな〜」と知らされることがある。そういう経験をとおして、私たちは一所懸命に事をなしながら、「御心が実現するように神様がやってくださる」と信じて、一切を神様に委ねるようになることがあります。

わたしの願いどおりではなく

私は、ここを読みながらいろいろと考えさせられました。皆さんも、それぞれに思い浮かぶ聖句があると思います。私は本日、ゲツセマネの園におけるイエス様のことを挙げたいと思います。

マタイ福音書によると、主イエスは弟子たちと共にゲツセマネの園に行きました。そこで、ペトロとゼベダイの子ヤコブとヨハネの三人の弟子を連れて奥に進まれました。その時、イエス様は「悲しみもだえ始められ」（二六・三七）、彼らにこう言ったのです。

「わたしは死ぬばかりに悲しい。ここを離れず、わたしと共に目を覚ましていなさい。」（二六・三八）

そして、少し進んで行き、うつ伏せになって、こう祈られました。

「父よ、できることなら、この杯をわたしから過ぎ去らせてください。しかし、わたしの願いどおりではなく、御心のままに。」（二六・三九）

ここで「**願い**」と訳されている言葉は、「**望み**」とか「**思い**」とかと訳されもします。ここでは、主イエスと父なる神様の意思がずれているのです。父なる神様にしても、人間の罪を赦すために、罪を犯したことがない我が子を十字架刑で死刑にすることは、死ぬほど悲しいことです。できればしたくないことです。しかし、人間の罪を赦すためには、そうするしかないのです。

キリストは「真に人・真に神」

イエス様は「真に人・真に神」と言うほかにない方です。そのイエス様は、こう感じているでしょう。

「**父の悲しみは嫌というほどわかる。そして、父が何もわからぬまま罪を犯し続ける人間の目を覚まさせ、悔い改めさせ、ご自身に向かって生きる者にしたいと願っておられることも痛いほどわかる**」。

その願いは、イエス様の願いでもありますから。

「**しかし、その願いを実現していくためには、罪を犯していない神の御子が十字架に磔られなければならない。それもわかる**」。

しかし、人間としてのイエス様にしては、心から愛してきた弟子たちに「わたしはあの人のことは知らない」と裏切られる悲しみは耐え難いものだったでしょう。そして、当初は熱烈に歓迎しておきながら、イエス様が自分に「ご利益」をもたらさないキリストだとわかると、可愛さ余って憎さ百倍ではありませんが、結局「十字架につけよ」（二七・二三）と絶叫する群衆に囲まれることは途轍もなく悲しかったと思います。そして「神の民」イスラエルの祭司や律法学者らに、「神への反逆者」として有罪宣告される悲しみは想像を絶するものだったでしょう。

そして、この時は公正な裁判官であるべきローマの総督ピラトがいます。彼が考える「国」と、神から派遣されたイエス様がもたらした「神の国」は次元が違います。悔い改めない者にとっては、わかりようがないものです。そういう意味では、ピラトは人間の代表でもあります。

そういう人間たちの中で、イエス様は丸裸にされ、ぶっとい釘を掌や足の甲に打たれるのです。激痛が走ったでしょう。そして、わき腹を槍で刺され、茨の冠を被せられ、窒息と全身の渇きで死んでいくのです。こんな恥辱、屈辱、苦痛、激痛はありません。

だから主イエスは、こう祈られます。

「父よ、できることなら、この杯をわたしから過ぎ去らせてください。しかし、わたしの願いどおりではなく、御心のままに。」（二六・三九）

イエス様は、このまま行けば自分は十字架に磔にされる。それが必要なことはわかる。しかし、「神への反逆者」というレッテルを神に反逆する者たちに貼られ、彼らによって十字架に磔にされて罪人として死ぬのは嫌だ、と言ったのです。「父よ、できることなら、この杯を過ぎ去らせてください」という祈りはそういう祈りです。

しかし、それに続けて主イエスは「わたしの願いどおりではなく、御心のままに」と祈られました。

「わたしの願いどおりではなく、父の願いが実現しますように」ということです。

愛に生きる

質問の形で、ヨブに「人間とは何か」を突き付けている神は、「お前は、私の願いを少しでも実現させるために、創造されていることを忘れたのか」とおっしゃっているのだと思います。今に生きる私たちに、主がおっしゃっているのは、こういうことだと思います。

「人間の救いのために、私は我が子を十字架に磔にして、死人の中から復活させて新しい命をあなたがたに与えたのだ。私の子は、激しい悲しみの中で一切を私に委ねて、私の愛を現した。キリストへの信仰によって新しい命を生きることになったあなたがたは、その愛を生きることができる唯一の存在である。そのことを決して忘れてはならない」。

私たちキリスト者は、キリストの十字架と復活に現れた神様の愛によって新たに造られ、生かされている者たちです。そのことを忘れては、神の被造物としての人間の姿を失ってしまうのです。そうならないためにも、私たちは毎週神様に招かれて礼拝しているのです。礼拝の中で、毎回、神様の今日の語りかけを共々に聴き、信仰者として生きることができる。こんな幸いなことはほかにありません。

私たちは単なる「肉」ではありませんし、弱肉強食の野生動物でもありません。神の御子が十字架で死に、復活して、神に向かって生きる新しい命を与えてくださった人間です。私たちは福音を信じるキリスト者です。それが人間の姿なのです。その「人間」として生きて欲しい。それが神様の「願い」であり「御心」だと思います。

（二〇二三年七月二十三日）

その時、初めて

ヨブに答えて、主は仰せになった。

全能者と言い争う者よ、引き下がるのか。
神を責めたてる者よ、答えるがよい。

ヨブは主に答えて言った。

わたしは軽々しくものを申しました。
どうしてあなたに反論などできましょう。
わたしはこの口に手を置きます。
ひと言語りましたが、もう主張いたしません。
ふた言申しましたが、もう繰り返しません。

主は嵐の中からヨブに答えて仰せになった。

ヨブ記四〇章一節〜三二節

男らしく、腰に帯をせよ。
お前に尋ねる。わたしに答えてみよ。
お前はわたしが定めたことを否定し
自分を無罪とするために
　わたしを有罪とさえするのか。
お前は神に劣らぬ腕をもち
神のような声をもって雷鳴をとどろかせるのか。
威厳と誇りで身を飾り
栄えと輝きで身を装うがよい。
怒って猛威を振るい
すべて驕り高ぶる者を見れば、これを低くし
すべて驕り高ぶる者を見れば、これを挫き
神に逆らう者を打ち倒し
ひとり残らず塵に葬り去り
顔を包んで墓穴に置くがよい。
そのとき初めて、わたしはお前をたたえよう。
お前が自分の右の手で
　勝利を得たことになるのだから。

見よ、ベヘモットを。
お前を造ったわたしはこの獣をも造った。
これは牛のように草を食べる。

（中略）
まともに捕えたり
罠にかけてその鼻を貫きうるものがあろうか。
お前はレビヤタンを鉤にかけて引き上げ
その舌を縄で捕えて
　屈服させることができるか。
（中略）
彼の上に手を置いてみよ。
戦うなどとは二度と言わぬがよい。

その時、初めて

信仰と思想の原点

ヨブ記も終わりに近づいてきました。私は前任地でも聖書研究会でヨブ記を取り上げ、山梨教会でも五年をかけてヨブ記を読んできました。そして昨年の一月からヨブ記の説教を始め、本日で五十三回目です。今思うことは、漸くヨブ記の表面を少し舐められるようになったということです。長いこと、ヨブ記には手も足も出ませんでしたけれど、今はそれなりに親しい友人になってきた感じがします。

ある人が、こう言っていました。

「ヨブ記を問うことは、自分の信仰と思想の原点を問うことにほかならないという思いを深めている」。

あくまで私なりにですけれど、この言葉には深く同感します。「自分の信仰と思想の原点を問う」ことは終わりがありませんから、何度も何度も反芻しながら、問いは延々と続きます。そして次第に深まってきます。だから、決して飽きることはありません。「あの時、ヨブはこう言っていたな〜、ヨブはこんなことを思っていたのじゃないか、俺もそう思う」とか、なにかとヨブのことや、三人の友人たちや、エリフのことを思ったり、考えたりするようになりました。そして、今は今として、「ヨブ記はこういうことを語っているのではないか」「これが中心なのではないか」と言うべき時が近づいていると思います。

無知

本日は四〇章です。言うまでもなく、ここは三八章から始まった神の弁論の続きです。三八章から三九章は、人間であるヨブの「無知」を強調していると思います。ヨブは天地創造の時にいたわけがありませんし、天体とか稲妻もただ眺めたり、隠れたりするだけです。まして死を意味する「闇」とか、その反対の「光」を造ったわけではないし、住処を知っているわけもありませんし、そもそも「光」とか「闇」が何を意味するかも知らないのです。また特に、野生動物のことなど観察するだけです。彼らに人間が命令できるわけがありませんし、彼らの弱肉強食の秩序と人間の秩序は本来違います。どちらかと言うと、三八章三九章は神の圧倒的な力とヨブの無力、無知を示しているでしょう。つまり、人間は「神の経綸（計画）」に対して無知なのです。

主なる神は、こうおっしゃっています。

これは何者か。
知識もないのに、言葉を重ねて
神の経綸を暗くするとは。　　　　　　　　　　（三八・二）

自分でも気づかぬうちに、神よりも正しい「君主」（三二・三七）のようになってしまったヨブに、主はガツンと一撃を食らわせている気がします。ヨブは罪を犯したことがないとは思っていません。「罪は犯したことがあるが、それは若い頃のことだ、今こんな悲惨な目に遭う裁きを受けるような罪ではない」。ヨブは、そう思っているのです。当然「神様は間違っている」ということになります。しかし、「神様は正しいことをしているはずだ」。でも自分に起こったことを見ても、世の中の現実を見ても、神様は間違っているのではないか」と思わざるをえない。そこで、ヨブは神の襟首を掴まんばかりに、激しく「なぜですか」と問うのです。無理もありません。

ヨブは友人たちのように、神のことを説明しません。友人たちは、神のことをわかっていないくせに、わかったかのように説明します。そして、自分たちは知らないけれど、ヨブはとんでもない罪を犯したに違いない。現在のヨブは、罪に対する神の裁きを受けているのだ、と言うのです。神は間違ったことをするわけがないのだから、ヨブが悔い改めるべきだということです。そういう応報思想に、ヨブは納得がいかないのです。「神様は正しい」ことをするはずなのに、間違ったことをしているのではないかと思うしかない。だからヨブは苦しいのです。

嘗て、神様は自分の味方でした。でも今は、自分に攻撃してくる敵なのです。状況を見る限り、そう思うしかない。そのことが、ヨブの苦しみを更に深めていきます。私たちも、神様が自分の敵だったら本当に苦しいでしょう。

もう主張致しません

四〇章を最初から読みます。

ヨブに答えて、主は仰せになった。
全能者と言い争う者よ、引き下がるのか。
神を責めたてる者よ、答えるがよい。
ヨブは主に答えて言った。
わたしは軽々しくものを申しました。
どうしてあなたに反論などできましょう。
わたしはこの口に手を置きます。
ひと言語りましたが、もう主張いたしません。
ふた言申しましたが、もう繰り返しません。

ヨブが目の前にしているのは、イスラエルの神である「主」（ヤハウェ）であり、全能の神です。一介の被造物である人間にすぎないヨブは、その神を責め立てているのです。彼は、神がやっていることがわからないからです。ヨブが疑問に思うことは尤もなことです。その疑問を深め、神に説明を求めることも尤もなことです。人に聞いたって仕方がありません。しかし、人間が神様の経綸のすべてを知っているわけがありません。そして、人間のやるべきことはないのでしょうか。人間のわかっていないこと、やるべきなのにやっていないことはないのでしょうか。
たとえば、三八・一二～一三で、主はこうおっしゃっています。

お前は一生に一度でも朝に命令し
曙に役割を指示したことがあるか
大地の縁をつかんで
神に逆らう者どもを地上から払い落とせと。

神は、ご自身に逆らい、自らが神になり、自分の願望を実現させていく者を大地からなくしたいと思っている。しかし、「それを実現すべく奮闘するのは人間だろう」とおっしゃっているのです。そのことに対して、何もしないで、「神様は間違っている」などと言っているのはおかしいではないかということです。
ヨブは、自分がこれまで言ってきたことは、すべて神の経綸を全く知らない人間の言葉だった、だから最早繰り返さないと言います。

「見る」ことについて

先を急がねばなりません。四〇・六を読みます。

主は嵐の中からヨブに答えて仰せになった。

嵐とは砂嵐です。だから目を開けていられるはずがないことを示しています。四二・五で「しかし今、この目であなたを仰ぎ見ます」とヨブは言います。だからその「目」は肉眼ではないと思います。この点は、今は探求しません。けれどヨハネ福音書で、「掌に残る釘跡や槍で刺されたわき腹を見、手を入れてみなければイエス様が復活したなんて信じない」と言っているトマスに、復活の主イエスはこう言われました。

「あなたの指をここに当てて、わたしの手を見なさい。また、あなたの手を伸ばし、わたしのわき腹に入れなさい。信じない者ではなく、信じる者になりなさい。」（二〇・二七）

その主イエスに向かって「わたしの主、わたしの神よ」（二〇・二八）と信仰を告白したトマスに、主イエスはこう言われました。

「わたしを見たから信じたのか。見ないのに信じる人は、幸いである。」（二〇・二九）

この言葉が何を語っているのかを今は探求しませんが、見ること聞くことも、私たちが通常考えていることとは異なる次元があるということは覚えておきたいと思います。

ゲベル
それはともかくとして、四〇・七にはこうあります。

男らしく、腰に帯をせよ。お前に尋ねる。
わたしに答えてみよ。

これは神の弁論が始まる三八・三と同じ言葉です。「男らしく」というのはゲベルという言葉です。それは明らかに、ヨブが七日間の沈黙を破って、口を開いた時の言葉を思い起こさせる言葉です。彼は、こう言いました。

わたしの生まれた日は消えうせよ。
男の子（ゲベル）をみごもったことを告げた夜も。
その日は闇となれ。
神が上から顧みることなく
光もこれを輝かすな。
（三・三〜四）

これは、「**光あれ**」という言葉から天地創造を始められた神の経綸の全否定です。世界は闇と混沌のままの方がよかった。自分も生まれないですんだから、と言うのです。それほど、ヨブの苦しみは深い。自分の命を否定することは、自分を創造した神を否定することです。

神の統治

そして、四〇・八にこう続きます。

お前はわたしが定めたことを否定し
自分を無罪とするために
わたしを有罪とさえするのか。

「**定めたこと**」と訳されている言葉はヘブライ語ではミシュパートで、ヨブ記においては極めて大事な言葉です。「**自分を無罪とするために**」とありますが、直訳すれば「自分を正しい（ツェデク）とするために」です。つまり、ミシュパートとツェデクはしばしば共に使われます。

たとえば、一三・一八にこうあります。

見よ、わたしは訴え（ミシュパート）を述べる。わたしは知っている、わたしが正しい（ツェデク）のだ。

ヨブはそう言っているのです。神様のやり方が「正しい」とは思えないわけですから、当然です。だからヨブは訴え続けるのです。

でも神様は「**お前はわたしが定めたことを否定し、自分を無罪とするためにわたしを有罪とさえするのか**」と言われるのです。「わたしが定めたこと」は、三八章、三九章の言葉で明らかなように、「すべての被造物を統治しているのはわたしだ」ということです。これまでは、どちらかと言えば人間の無知に関することでした。四〇章、四一章では、人間の無力に関することです。人間は、この世界を統治できないではないか、と神はおっしゃっているのです。神様は正しさに基づいて統治（ミシュパート）しているのです。でも、人間には、神様の正しさがどういうものであるかがわかりません。だから神を有罪とするのです。

混沌

次に出てくるベヘモットやレビヤタンは神話的な怪獣です。モデルは、ナイル川のカバやワニだと言われています。これらの怪獣は混沌の象徴です。人間なんて相手になりません。二四節や三二節の言葉はそのことを示しています。

まともに捕らえたり
罠にかけてその鼻を貫きうるものがあろうか。
（四〇・二四）

彼の上に手を置いてみよ。
戦うなどとは二度と言わぬがよい。
（四〇・三二）

人間にはどうにもならぬベヘモットやレビヤタンも、神が統治している。神がいなければ、この世界はいつ何時、混沌の渦に巻き込まれるかわからない。主は、そうおっしゃっているのだと思います。

恐れなさい

この箇所を読んでいると、少なくとも私は、ヨブの身になって神に叱られているという気分になります。それは正しい読み方だと思います。でも、フッと自分自身が「**驕り高ぶる者**」とか、自分自身が「**神に逆らう者**」になることに気づきました。自分では、そんなことになっていることには全然気づかないのです。でも、気がつくと、神様よりも自分が上に立っている。そして、自分の願望を実現させるために神に祈ったりする。おそらく皆さんも、そういうことが、しばしばあると思います。

本日は七十八年前に広島に原子爆弾が投下されたことを覚える日です。しかし、核兵器を抑止力として保有している国は幾つもあり、脅迫に使う国もあります。そして世界はますます分断され、混迷を深めています。原爆の碑には「過ちは二度と繰り返しませんから」と書かれていますが、過ちは一部の人たちが犯すのではなく、その一部の人を止められない人を含めて、結局はすべての人が犯すのです。

神の愛

でも、神は、そういう私たちをとことん愛し、髪の毛を一本残らず数えていると、イエス様はおっしゃいました。そういう「愛」が、神への「恐怖」ではなく「畏怖」を生み出すのです。その愛は、主イエスの十字架と復活、昇天と聖霊降臨にあらわれます。気づきながら犯してしまう罪、自分では気づかぬうちに犯してしまう罪を赦し、神に向かって生きる新しい命を私たちに与える。敵を愛し、敵に対する裁きを、罪を犯したことがない神の子主イエスが受ける。こんなことは、もちろん人間はできません。三位一体の神にしかできません。そこに神の勝利があるのです。神の御子であり私たちに代わって罪に対する神様の裁きを受けてくださった主イエスを、「キリスト（救い主）」と信じ、十字架の前にひれ伏しつつ生きること、そして復活の主イエスと共に、神を敬い、讃美しつつ生きること。そこに、神様に愛されていることを知らされた私たちキリスト者の喜ばしい歩みがあるのだと思います。だから、この愛こそが平和の礎なのです。

（二〇二三年八月六日）

天の下にあるすべてのものはわたしのものだ

勝ち目があると思っても、落胆するだけだ。
見ただけでも打ちのめされるほどなのだから。
彼を挑発するほど勇猛な者はいまい。
いるなら、わたしの前に立て。
あえてわたしの前に立つ者があれば
その者には褒美を与えよう。
天の下にあるすべてのものはわたしのものだ。

彼のからだの各部について
わたしは黙ってはいられない。
力のこもった背と見事な体格について。
(中略)
口からは火炎が噴き出し
火の粉が飛び散る。
煮えたぎる鍋の勢いで

ヨブ記四一章一節～二六節

鼻からは煙が吹き出る。
（中略）
彼は深い淵を煮えたぎる鍋のように沸き上がらせ
海をるつぼにする。
彼の進んだ跡には光が輝き
深淵は白髪をなびかせる。
この地上に、彼を支配する者はいない。
彼はおののきを知らぬものとして造られている。
驕り高ぶるものすべてを見下し
誇り高い獣すべての上に君臨している。

自分は何であるか

本日の箇所はヨブ記四一章です。三八章から始まった神の長い弁論の締めくくりになります。神様はここで、神話的な怪獣であるレビヤタンの体について語りつつ、一人の人間にすぎないヨブに対して「自分は何であるか」を教えているように思います。

以前も言いましたように、ヨブは、「自分は神より正しい。神の方が間違っている。そうでないなら、ちゃんと説明してほしい」と言います。でも、神様は沈黙しているのです。だからヨブは「私は『君主』のように神と対決しよう」（三一・三七）と、言うのです。

そのヨブに対して、主なる神様はついに砂嵐の中からこう言われます。

これは何者か。知識もないのに、言葉を重ねて
神の経綸を暗くするとは。
男らしく、腰に帯をせよ。
わたしはお前に尋ねる、わたしに答えてみよ。
（三八・二〜三）

以後、立て続けにヨブには答えようがない質問をし、「**答えてみよ**」と言われます。一人の人間にすぎないヨブが、神が天地を創造する時にいたわけがありません。まして、大地が据えられた時の「神の計画」なんて知るわけがありません。ことほど左様に、ヨブが知るわけがないことを立て続けに質問し、「**答えてみよ**」と、主は言われる。
ヨブは、非常に惨めな気分に陥ったと思います。でも、神様は、これまでもヨブのことをじっと見ていたし、今、自分に向かって問いかけていることを知り、ヨブは感激もしたと思います。

正しい

だからヨブは、自分は「軽々しくものを申しました」といって口をつぐむのです。でも、主はさらにヨブを追い込んでいき、こう言われる。

お前はわたしが定めたことを否定し
自分を無罪とするために

（四〇・八）

わたしを有罪とさえするのか。

ここにある「**定めたこと**」は、原文ではミシュパートという言葉ですけれども、背後には「正しさ」があります。神は正しくなければ困りますし、正しさに基づいてすべてのことを「**定めて**」もらわねば困ります。でもヨブは、「神は有罪だ。正しい（ツェデク）のは私だ」と言うのです。

ヨブにしてみれば、それまで味方だと思っていた神が、いきなり敵になり、たえず自分を攻撃してくるのです。その理由は、天上におけるサタンと神様との対話にあるのですが、ヨブはそんなことは知りません。だから彼は気も狂わんばかりになったのは無理からぬことです。彼の苦しみは、人々から「汚れた人間」と見下される全身が重い皮膚病に罹っていることをはじめとして、十人もの子どもたちの命や全財産をすべて失い、地位も名誉も失ったことなどにあることは言うまでもありません。でも一番深い問題は、「正しいはずの神様は間違っている、神様は罪を犯しているのだ」と、思わざるをえないことだと思います。それは、彼の人生の支えであった「神様は正しいことをしているはずだ」という前提が崩れることだからです。だから、「このままでは生きていけない」と、ヨブは思わざるをえないのです。

天の下にあるすべてのものはわたしのものだ

良心の呵責

私たちは、大きく分ければ、「自分が正しい」と思っているか、「神が正しい」と思っているかのように思います。胸に手を当てて考えてみれば、そのことを認めざるをえません。もちろん、その時の「神」はいろいろです。だけれど、おそらくすべての人間は「良心の呵責」と言うべきものを感じるのではないでしょうか。動物には「呵責」を生み出すような「良心」はありません。この「良心の呵責」を感じるか否かが、人間と動物を分ける一つの境界線だと思います。私たちは、良心の呵責をうっすら感じつつも、自分の願望を「正しい」と思ってしまう。つまり、「自分は無罪だ」と思い、「神を有罪にしてしまう」のです。

レビヤタン

「自分は正しい」と思っているヨブに対して、主は遂にベヘモットとかレビヤタンという神話的な怪獣まで出してきます。レビヤタンは四〇・二五に始まり、四一章はその続きです。

四一・一〜三を読みます。

勝ち目があると思っても、落胆するだけだ。
見ただけでも打ちのめされるほどなのだから。
彼を挑発するほど勇猛な者はいまい。
いるなら、わたしの前に立て。
あえてわたしの前に立つ者があれば
その者には褒美を与えよう。
天の下にあるすべてのものはわたしのものだ。
（四一・一〜三）

「人間が、レビヤタンと戦えるなんて夢想すべきではない。相手にもならないのだから。しかし、そのレビヤタンを造り、統治しているのは私だ」と、主は言われる。そして、レビヤタンは人間とは比べ物になりません。レビヤタンは、口からは「火炎が噴き出し」（四一・一一）、鼻からは「煙が噴き出る」（四一・一二）神話的怪獣です。

そして四一・二四にはこうあります。

彼の進んだ跡には光が輝き
深淵は白髪をなびかせる。（四一・二四）

ある人は、ここをレビヤタンは、**深淵**（カオス、混沌）の上を泳ぎ、「その上に航跡として『白髪』のように白く輝く波の波紋を残す。深淵を圧倒する豪快なイメージ」（並木浩一『ヨブ記注解』四二六頁）があると言っていました。「**深淵**」というのは創造以前の混沌を表します。暗黒が支配し、命の光がない所です。そういう**深淵**の上を悠然と泳ぐレビヤタンの姿がここにはあります。神様は、そういうレビヤタンを敢えて出し、ヨブを徹底的に痛めつけるのです。そして、ヨブに自分がいかに無知であるか、そして無力であるかを知らせる。無知で無力だからこそ、「神の経綸」など全くわからず、「神は間違っている」なんてほざいている。

そういうヨブに、主は言われます。

この地上に、彼を支配する者はいない。
彼はおののきを知らぬものとして造られている。
驕り高ぶるものすべてを見下し

誇り高い獣すべての上に君臨している。（四一・二五～二六）

「そういうレビヤタンは私が創造し、私が統治している。お前は、そういう経綸（計画）なんて何も知らずに『自分が正しい』などとほざいている。ちゃんと目を覚ませ。自分が言っていることが何を意味するのか、ちゃんと考えろ」。

主なる神は、そうおっしゃっているように思えます。しかしなぜ、主はレビヤタンやベヘモットを創造するのでしょうか。

相反する面は絶えずある

聖書を読んでいてしばしば思うことは、神様は相反するものを創造するということです。そして、また一つの中に相反するものが存在するように創造されるということです。

たとえば創世記一章では、神はご自身に似せて、また、ご自身に象って人を創造されました。「従わせ」、「支配する」という神の業をするためにです。そして、創造したものすべてを見て、「良い」と言われたのです。

しかし、その続きを読むと、人間は「地の塵」から造られたという話が続きます。そして、エデンの園の中央には「**善悪の知識の木**」と「**命の木**」を植え、「その木の実だけは食べていけない」と、神はおっしゃいました。でも結局、人間はその実を食べてしまいます。食べたのは自分ですが、男は女のせいにし、女は蛇のせいにし、結局、男女とも神のせいにします。自分がやったことを認めて、詫びることがないのです。

人間は、神の業を行うこともできる、神に真っ向から逆らうこともできる。どっちもできる。その両面がある。それは、人間は「自由」だからです。「神よりも自分は正しい」と思うのも人間だし、「神は間違っている」と思うのも人間です。「神の御心を探り、御心に従って生きよう」とすることも人間はできます。そういう相反する生き方ができるのは、人間には「自由」が与えられているからです。いや、そういう「自由」を生きるために、相反するものが創造されたのだと思います。

また、神様は、人間が決めた公式どおりに動く神様ではありません。神の業を行うことができるのも、ご自身に背くことができるのも、神様が人間に自由を与えたからです。「信仰」は自由が保障されていなければなりません。信じることもできるし、信じないこともできる。そういう「自由」が必要です。「自由」は、非常に危険なものですが、それがなければ信仰も死んだものです。そして、神様は「自由」だからこそ、私たち人間にとって不可解なのです。

神の目的

神様のことをわかっていないくせにわかったようなことを言うヨブの友人たちのようにではなく、わからないことは「わからない、ちゃんと説明して欲しい」と言うヨブを、神様は徹底的に追い込みます。そうでないと、人間は自分がやったことが何であるかに気がつかないし、本質的なことを認めることができず、決して謝らないからです。アダムとエバの姿は、そういう人間の姿を表しているのでしょう。

でも神様は、ヨブに気づいてほしいし、本質を認めて欲しいし、そして心から自分の罪を知って、ちゃんと謝って欲しいのです。そして、心から讃美して欲しいのです。それは、人間が神の被造物としての人間になることです。神様は、そういう目的をもって、ヨブに答えようのない質問を浴びせているのだと思います。

自由

この箇所を読みつつ、私は様々なことを考えさせられました。その中の一つに、マタイ福音書の最後にあるイエス様の言葉があります。そこをお読みします。

さて、十一人の弟子たちはガリラヤに行き、イエスが指示しておかれた山に登った。そして、イエスに会い、ひれ伏した。しかし、疑う者もいた。イエスは、近寄って来て言われた。「わたしは天と地の一切の権能を授かっている。だから、あなたがたは行って、すべての民をわたしの弟子にしなさい。彼らに父と子と聖霊の名によって洗礼を授け、あなたがたに命じておいたことをすべて守るように教えなさい。わたしは世の終わりまで、いつもあなたがたと共にいる。」（マタイ二八・一六〜二〇）

イエス様が弟子たちと初めて会ったガリラヤ地方の山の上で、弟子たちに語った言葉です。

先日のテレビ番組の中で、司会者が九十二歳のクラリネット奏者に「長生きして演奏し続ける秘訣はなんですか」と訊いたら、その方は即座に「好きなことをすることと、嫌いな人とは付き合わないこと」と言いました。別の言い方をすれば「ストレスをためないこと」なんでしょうが、私は「嫌いな人とは付き合わないこと」というフレーズが妙に気にいってしまいました。

「可愛さ余って憎さ百倍」とか、「飼い犬に手を噛まれた」という言葉もあります。「嫌いな人」も、最初からそうではなかった場合があります。以前は親しく付き合っていた。でも裏切られてしまった。

そういう場合は、ただ単に「あの人は嫌いだ」ということではなく、「顔を見るのも嫌だ」ということになります。

主イエスにとって弟子たちとは、普通に考えれば「顔も見たくない奴ら」だったと思います。彼らは、まさに弟子として主イエスに従ってきた人たちです。その彼らに向かって、主イエスは数日前に「**今夜、あなたがたは皆わたしにつまずく。しかし、わたしは復活した後、あなたがたより先にガリラヤへ行く**」（マタイ二六・三二）とおっしゃいました。弟子の筆頭とも言うべきペトロが、「**たとえ、みんながあなたにつまずいても、わたしは決してつまずきません**」と言いました。でもイエス様は「**はっきり言っておく。あなたは今夜、鶏が鳴く前に、三度わたしのことを知らないと言うだろう**」（二六・三四）とおっしゃった。ペトロは「**たとえ、御一緒に死なねばならなくなっても、あなたのことを知らないなどとは決して申しません**」（二六・三五）と言ったのです。他の弟子たちも、ペトロに「負けじ」と同じことを言いつのりました。でも、イエス様の言った言葉どおりになったのです。

おそらく約三年間、主イエスと寝食を共にしてきた弟子たち。イエス様の言葉を間近に聞き、わからないことは質問してきた弟子たち。彼らは「新しいイスラエル」になるべき人たちです。しかし、彼らは皆、師を裏切った人々なのです。

「一緒に死ぬことになっても、主イエスのことを知らないなどとは言いません」と、彼らが心から言ったことは疑いようがないことです。しかし、その数時間後に主イエスのことを「知らない」と言って、逃げたことも間違いありません。両方とも同じ人間が言ったことですし、やったことです。彼らは、相反する両面をもっている。良心に呵責を感じつつも、「**あの人のことは知らない**」と言ってしまうのです。

彼らは主イエスの弟子として、主イエスと一緒に死ぬこともできる。しかし、主イエスを裏切り、自分自身を裏切ることもできる。彼らはどっちもできるのです。人間には「自由」があるからです。どっちの自分がでるかは、自分でもわかりません。

共にいる

主イエスがガリラヤの山の上で会った弟子たちは、顔も見たくない奴らだったと思います。「私はあなたがたを知らない」と言って別れていくのが当然だと思います。彼らは主イエスにとっては、可愛さ余って憎さ百倍の人間だし、飼い犬のように可愛くて仕方のなかった人々です。しかし、その彼らが主イエスを裏切って逃げたのです。だから憎んだっておかしくありません。

でも、主イエスは、その彼らに「**父と子と聖霊の名によって洗礼を授けよ**」（二八・一九）と言われる。そして、主イエスが弟子たちに命じておいたことをすべて守るように教えよ、と言われ、最後にこう言われるのです。

「**わたしは世の終わりまで、いつもあなたがたと共にいる。**」（二八・二〇）

主イエスが彼らと「**共にいる**」とは、彼らの「罪を赦す」ということです。最後に、主イエスは、こう言われました。親子とか夫婦とか友人同士の中に、時にそういう関係があります。赦さなければ、本質的には「**共にいる**」ことはできません。

でも、「**世の終わりまでいつもあなたがたと共にいる**」と言えるのは、主イエスだけです。「**世の終わ**

りまで」というのは、「肉体の生死を越えて」ということです。「肉体の生死を越えて」、主イエスは私たちと共にいてくださる。それが、マタイ福音書の最後の言葉です。

インマヌエル

このマタイ福音書の一章で、主イエスの誕生が記されるとき、作者は、天使がヨセフの夢の中でこう語りかけたというのです。

> **マリアは男の子を産む。その子をイエスと名づけなさい。この子は自分の民を罪から救うからである。**
> （マタイ一・二一）

そしてマタイは、旧約聖書のイザヤ書七・一四の言葉を引用します。

> このすべてのことが起こったのは、主が預言者を通して言われていたことが実現するためであった。
> 「見よ、おとめが身ごもって男の子を産む。
> その名はインマヌエルと呼ばれる。」
> この名は、「神は我々と共におられる」という意味である。
> （一・二二～二三）

インマヌエルとはヘブライ語で「**神は我々と共におられる**」という意味です。この預言は、主イエスの誕生、十字架の死、復活による顕現を通して実現していきます。ここに「**神の経綸**」があるのです。

その時その場で、神の経綸のすべてがわかるわけがありません。しかし、私たちは信仰によってそのことを知らされているキリスト者です。しかし、私たちもヨブ同様「自由」な人間です。その「自由」をもって、罪を赦してくださる主イエスに従って生きることもできます。でも、それとは逆に、主イエスに背き、自分の願望とか欲望を実現させるように生きることもできます。私たちの前にはいつも二つの道があります。神に従って生きる道と、自分の願望や欲望を実現させていく道です。どちらの道を選ぶかは、私たちに委ねられています。私たちは「自由」を与えられていますから。

主イエスは、今日も「私と共に生きよう。そして、御心を実現させるために生きていこう」と呼びかけてくださっているのです。自由をもって、その呼びかけに応えて生きる者でありたいと切に願います。

（二〇二三年八月十三日）

人間とは何であるか

ヨブは主に答えて言った。

あなたは全能であり
御旨の成就を妨げることはできないと悟りました。
「これは何者か。知識もないのに
神の経綸を隠そうとするとは。」
そのとおりです。
わたしには理解できず、わたしの知識を超えた
驚くべき御業をあげつらっておりました。
「聞け、わたしが話す。
お前に尋ねる、わたしに答えてみよ。」
あなたのことを、耳にしてはおりました。
しかし今、この目であなたを仰ぎ見ます。
それゆえ、わたしは塵と灰の上に伏し
自分を退け、悔い改めます。

ヨブ記四二章一節〜六節

たゆまず考え続ける喜び

本日で長らく読んできた「ヨブ記」の詩文部分が終わります。四二・七～一六は一章～二章と同じく散文となり、ヨブ記の枠を形成しています。今の自分にとって、ヨブ記とは何であったかを考えるべき時が来たのだと思っています。

ある人はこう言っていました。

「ヨブ記は真偽の判断で読まれることを期待せず、多義的解釈が可能なように記されている。しかしどの解釈でもよいとも作者は考えていないであろう。ヨブ記はより適切な解釈に向けて、読者がたゆまず考え続けるように促している」（並木浩一『ヨブ記注解』四四二～四四三頁）。

私もそう思います。説教で再びヨブ記を取り上げることはできませんが、ヨブ記は今後も読むし、考え続けるでしょう。それだけ「ヨブ記」は深いし広いし、面白いのです。

宣言

四二・一～二を読みます。

ヨブは主に答えて言った。
あなたは全能であり

御旨の成就を妨げることはできないと悟りました。

ここは、大体こういう風に訳されています。「悟りました」とは、「ヨブが悟った」ということです。でも、ヘブライ語聖書の本文と註には「あなたは知っています」と「わたしは知っています」という言葉が記されています。マソラとよばれる書記が、ここは「わたしが」と読んだ方が良いと言っているので、伝統的に「わたしは知りました」「わたしは悟りました」と訳されてきました。それは前後の文章をどう解釈するかにもよります。私は、書いてあるとおり「あなたは知っています」と訳します。そして、三八章以下の言葉も、神様の全知全能の「宣言」と受け取ります。ヨブがそれを知り、そういう神を前にして「君主のように彼と対決しよう」（三一・三七）などと言っていた自分を恥じる。そういう感覚が、この時のヨブにはあったのだと思います。

驚くべき御業

三節を読みます。

「これは何者か。
知識もないのに
神の経綸を隠そうとするとは。」
そのとおりです。
わたしには理解できず、わたしの知識を超えた驚くべき御業をあげつらっておりました。」

鍵括弧内の言葉は、三八章から始まった神の弁論の最初の言葉です。そこでは「**神の経綸を暗くするとは**」でしたけれど、ヨブはここで意味を強めて「**神の経綸を隠そうとは**」と言います。「**経綸**」とは、私たちが普段使わない言葉ですけれど、簡単に言えば「計画」と言って良いでしょう。「深謀遠慮」と言った方が正確かもしれません。私たち人間は、創造の時に現れてもいる神様の深謀遠慮のすべてを知っているわけではありません。「**神の経綸**」は私たちにはすべてわかるわけがありません。

新約聖書のなかに「**秘密**」とか「**秘められた計画**」と訳されるミュステーリオンという言葉がありま す。ミステリーの語源になった言葉です。神様がイエス・キリストを通して為してくださったこと、今為しておられること、後に為されること。そのことを、私たちがすべてわかるはずがありません。当然、私たちにとってそれは未知のことであり、ミステリーです。そのすべてのことを、私たちが知るわけがありません。しかし、その底流に流れていることを私たちは知っています。それは、「神様の愛」です。神様は、私たちを愛するがゆえにその御業を進めている。それはわかります。しかし、「愛」ほどわかり難いものはないのも事実です。獅子は愛する我が子を崖から突き落とす、とも言われます。愛するからです。でも、子にしてみれば、そこに父の愛を見るのは難しいでしょう。親は自分を見捨てたのだ、もう味方ではなく敵になってしまった。そう思ってもおかしくはないと思います。

ヨブから見れば、神はそういう神になったのだと思います。理解できない、神は今や私のことをずっと見張り、攻撃を仕掛けてくる敵だと彼が思っても無理ありません。

信仰の成長

四節はこうです。

「聞け、わたしが話す。

お前に尋ねる、わたしに答えてみよ。」

これも三八章三節にある言葉ですけれど、ここでは「**わたしが**」が強調されています。「天地を造り、すべての動物を造り、深淵を支配している私、そして一介の被造物であるあなたの言葉を真剣に聞き、今、あなたに向かって言葉を発している私が話しているんだ」ということです。ヨブは、そんなことは知りませんでした。それまで主なる神様に抱いてきたイメージと、今の彼が抱いているイメージは全然違います。

だから彼はこう言うのです。

あなたのことを、耳にしてはおりました。

しかし今、この目であなたを仰ぎ見ます。（四二・五）

ここでの「耳」とか「目」は、いわゆる「耳目」のことではありません。「これまでは神様のことを朧気に知っていました。でも今は、前よりもはっきりと知ることができました」ということです。

信仰とは成長するものであり、そうでなければ困ります。いつまでも乳製品しか食べられない赤ん坊のままでは困るのです。でも成長することによって、若いときには持っていたものを失うこともあります。得るだけではない。失うものもあります。でも成長しなければいけないと思います。以前はわからなかったことがわかってくるからです。止まってしまえば楽かもしれませんが、それで終わりです。

塵灰

そして、いよいよ六節です。

それゆえ、わたしは塵と灰の上に伏し
自分を退け、悔い改めます。

ここは、ヨブ記をどう受け止めるかに関わるところです。問題は、ヨブは自分そのものを退け、悔い改めたのか。それとも、自分を退けたのではなく、これまで自分が言ってきたことすべてを退けたのか、ということでしょう。また、「**塵と灰**」とは懺悔の徴であり、ヨブはその上に伏したと考えるのか否か、です。

並木浩一という旧約学者は、こう訳しています。

「**それゆえ、私は退けます。また塵灰であることについて考え直します**」（『ヨブ記注解』四三〇頁）。

ヨブは、自分自身を退けたのではない。「これまで語ったことは、創造の時から神の経綸があることや、経綸の内容など少しも知らずに語ってきたことだから、全面的に退けます」と言っていると、考える。そして、「塵灰」を、悔い改めを表すものとか、悔い改めて伏す場所ではなく、人間を現すものと理解し、「自分は今後も人間というものを考え続けます」と、ヨブは言っているのだと考えるのです。

私もそう考えます。ヨブは、目に見える現実としては友人に語っているのですが、実はこれまでも神に向かっています」（一三・三）。「自分に起こっていること、この世で起こっていることに納得がいかない。説明してくれ」と神様に言ってきました。ヨブの友人たちは、何もわかっていないくせに、すべてを因果応報的に考えます。つまり、「ヨブは罪に対する神の裁きを受けているのだ。神にむかって謝罪すれば、神は赦してくださるかもしれない」。そう言うのです。つまり彼らは、神に関する説明をヨブにする。でも、ヨブはそんな「説明」はとっくのとうに知っています。そして、「そんな説明では割り切れない現実が自分にあり、世の中にあるではないか」と言っているのです。

そして友人と話していても埒が明かないとばかりに、ヨブは猛然と神に向かいます。ついに、主なる神は砂嵐の中からヨブが答えようがない問いを立て続けに投げ掛けました。そして、神はご自身と人間は比べようがないほど次元が違うこと、「ヨブは錯覚から目を覚まし、ちゃんとそのことに気づけ」と言っているのだと思います。

しかしそれは、納得がいかないことの説明をヨブが神様に求めたからです。ヨブは、「わかってもいないのに、神のことを説明する」友人たちのようではなかったからです。

ヨブの底流にあることは、「神は正しく考え、正しいことをするはずなのに、神は正しくないのか」という思いです。神様が正しいことは、ヨブの人生を支える土台です。それが揺らいでしまえば、ヨブの人生そのものが揺らいでしまいます。だから彼は、とことんその問題を追及していくのです。

「塵芥」（塵灰と同じ言葉）の使命

ヨブ記を書いた作者は、おそらく創世記の一八章を知っていたでしょうし、「正しさ」に関して考え続けたと思います。

そこで三人の人の姿で現れた主は、ソドムとゴモラを滅ぼすためにソドムの方に向かいます。**「ソドムとゴモラの罪は非常に重い、と訴える叫びが実に大きい」**（一八・二〇）からです。その時、主はこう言われました。

「わたしが行おうとしていることをアブラハムに隠す必要があろうか。アブラハムは大きな強い国民になり、世界のすべての国民は彼によって祝福に入る。わたしがアブラハムを選んだのは、彼が息子たちとその子孫に、主の道を守り、主に従って正義（ツェダカー　ミシュパート）を行うよう命じて、主がアブラハムに約束したことを成就するためである」（一八・一七～一九）

要するに、神の民は神の相談相手だということです。そして、神の民の大きさ、強さは、国土の広さとか経済力とか軍事力にあるのではない。彼らは神にある正義（ツェデクとかツェダカー、ミシュパート）を行い、神がアブラハムに約束したことを実現させるために存在する。そのようにアブラハムの子孫が生きるとき、すべての国民が宝の民になるということです。つまり、アブラハムはすべての民の祝福の基なのです。

そして、主はソドムの方に向かいます。しかしアブラハムは尚も「主の御前に」（一八・二二）おり、主の前に出て、こう言いました。

「まことにあなたは、正しい者（ツェデク）を悪い者と一緒に滅ぼされるのですか。あの町に正しい者が五十人いるとしても、それでも滅ぼし、その五十人の正しい者のために、町をお赦しにはならないのですか。正しい者を悪い者と一緒に殺し、正しい者を悪い者と同じ目に遭わせるようなことを、あなたがなさるはずはございません。全くありえないことです。全世界を裁くお方は、正義（ミシュパート）を行われるべきではありませんか」（一八・二三〜二五）。

ここでアブラハムが言っていることは、この世の中では、正義ではありません。ソドムに「正しい者」が五十人いるのなら、その五十人のために悪い人間が何人いてもソドムを赦すのは、この世では「正義」ではありません。この世を治める神は「正義」（ミシュパート）を行うべきだ、とアブラハムは言うのです。

主は、五十人いればその五十人のために「ソドムを赦す」と言われます。その言葉を聞いて、アブラハムはさらにこう言います。

「塵あくたにすぎないわたしですが、あえて、わが主に申し上げます。」（一八・二七）

彼はここで「正しい者が四十五人いれば」と言い、結局「十人しかいないかもしれません」

（一八・三二）と言うところまで粘ります。主は「お前は何も知らないくせに何を言うか」と言って、アブラハムを黙らせはしません。主が彼に求めていることは、「主の前にいる」ことです。そして、悪い者を取りなすことです。「塵あくた」にすぎない「人間」に与えられた使命は、本当に深いものなのです。そして、ヨブはあくまでも神の正義を求める「人間」になることを求められているのだと思います。

わたしの僕

ヨブの友人を代表する形で、主はエリファズにこう言われます。

「わたしはお前とお前の二人の友人に対して怒っている。お前たちは、わたしについてわたしの僕ヨブのように正しく語らなかったからだ。」（四二・七）

ヨブは、襟を掴まんばかりの勢いで神に食いつきました。エリファズたちは、神の側に立ったつもりで、理路整然と神についての説明をしました。しかし、それは「神の怒り」を買うような絵空事だったのです。

「敬虔なクリスチャン」という言葉があります。多くの場合は「クリスチャンは偽善者である」ことを意味していると思います。当たっていると思います。クリスチャンや牧師は、いつも笑みを湛えていて、わかっていないくせに、神についても教科書的なことを言うと思われている。クリスチャンは、「人を愛さなければいけない。人を赦さなければいけない。神様は、すべての人を愛しているんだ」とか言う。いずれも、本当のことです。だから反論はありません。クリスチャンは、そういう模範解答を言っている。「信仰に生きる」とはそういうものだと思っている。でも、言葉だけの場合は幾らでもあります。

主は、ここでもヨブのことを「**わたしの僕**」と言いつつ、続けてエリファズにこう言われます。

「しかし今、雄牛と雄羊を七頭ずつわたしの僕ヨブのところに引いて行き、自分のためにいけにえをささげれば、わたしの僕ヨブはお前たちのために祈ってくれるであろう。わたしはそれを受け入れる。お前たちはわたしの僕ヨブのようにわたしについて正しく語らなかったのだが、お前たちに罰を与えないことにしよう。」（四二・八）

主の僕ヨブは、自分のことを神の裁きを受けて当然の罪人だと言っていた人々、そして神のことなどわかっていないくせに滔々と模範解答を繰り返すエリファズらが赦されるようにと「祈るだろう」と言われるのです。そして、その祈りを主は「**受け入れる**」（四二・九）。

「**塵あくた**」である人間は、敵のために祈る人間になる。そして、主はその祈りを受け入れ、わかったような顔をして「**正しく語る**」ことのないエリファズらに罰を与えないのです。ヨブの病などの外見的なことは深刻なことですが、それは本質的な問題なのではなく、真実に神と出会う時、人間には何が起こるのか。そういったことが問題なのだ。ヨブ記はすごい話だなとつくづく思わされました。

福音

ペトロに起こったことも、ある意味で同じことだと思いました。彼は三度も復活の主イエスから、

主はヨブを祝福した

ヨブ記四二章七節～一七節

主はこのようにヨブに語ってから、テマン人エリファズに仰せになった。

「わたしはお前とお前の二人の友人に対して怒っている。お前たちは、わたしについてわたしの僕ヨブのように正しく語らなかったからだ。しかし今、雄牛と雄羊を七頭ずつわたしの僕ヨブのところに引いて行き、自分のためにいけにえをささげれば、わたしの僕ヨブはお前たちのために祈ってくれるであろう。わたしはそれを受け入れる。お前たちはわたしの僕ヨブのようにわたしについて正しく語らなかったのだが、お前たちに罰を与えないことにしよう。」テマン人エリファズ、シュア人ビルダド、ナアマ人ツォファルは行って、主が言われたことを実行した。そして、主はヨブの祈りを受け入れられた。

ヨブが友人たちのために祈ったとき、主はヨブを元の境遇に戻し、更に財産を二倍にされた。兄弟姉妹、かつての知人たちがこぞって彼のもとを訪れ、食事を共にし、主が下されたすべての災いについていたわり慰め、それぞれ銀一ケシタと金の環一つを贈った。

主はその後のヨブを以前にも増して祝福された。ヨブは、羊一万四千匹、らくだ六千頭、牛一千くびき、雌ろば一千頭を持つことになった。彼はまた七人の息子と三人の娘をもうけ、長女をエミマ、次女をケツィア、三女をケレン・プクと名付けた。ヨブの娘たちのように美しい娘は国中どこにもいなかった。彼女らもその兄弟と共に父の財産の分け前を受けた。

ヨブはその後百四十年生き、子、孫、四代の先まで見ることができた。ヨブは長寿を保ち、老いて死んだ。

人間とは何であるか。

ずっと前から言っていることですけれど、私は「人間とは何であるか」ということを考え続けています。前回の四二・六のヨブの言葉は様々に訳されており、様々な解釈があります。ヨブ記が何を言っているのかについては、決まった正解がないということです。「ああでもない」「こうでもない」と、いろいろな解釈ができるように書かれていることは確かです。しかし、だからと言って「どんな解釈でも良い」とは言えないだろうと思います。

並木浩一という旧約学者は、こう訳しています。

「**それゆえ、私は退けます。また塵灰であることについて考え直します**」。

ヨブは、自分が発してきた言葉は無知なるが故のものだったことがわかりました。だから、その言葉を「退ける」のです。しかし、自分の存在自体を退けてしまうのではありません。神の前では自分は「**塵灰**」にすぎない。しかし、神は砂嵐の中から現れ、彼に、天地創造の中に働く神の経綸（計画）や「ベヘモットとかレビヤタンと呼ばれる神話的怪獣も、自分が統治しているんだ」と宣言するのです。ヨブは、そういう神様に、質問に「**答えよ**」と迫られて震え上がるほどの恐怖を感じたでしょう。しかし同時に、神が自分のことをじっと見てくださっていたこと、そして語りかけてくださったことを知り、震えがでるほどの「喜び」を感じたに違いありません。

彼は、こう言っています。

あなたのことを、耳にしてはおりました。
しかし今、この目であなたを仰ぎ見ます。（四二・五）

ヨブは、神様のことを聞いてきた。そして、読んでもきた。その限りにおいてわかり、従ってきたのです。その信仰は、神様から見ても「完全だ」と言いたくなるような信仰でした。しかしその後、彼は様々な苦難を経験し、神様に説明を求めたのですが、逆に神様から答えようもない質問攻めに遭いました。彼は一言も答えられないのです。だから彼は、「**あなたを仰ぎ見ます**」と言うのです。それは、「理解すること」とは本質的に違います。神様は、愛をもって一切のことをなさっていることを知ったということです。神様が全能であること、神様は愛をもってすべての被造物を統治していること、当然自分もその被造物の一つであることを知ったのです。

その被造物である自分のことを、「**塵灰だ**」と彼は言います。その「**塵灰**」である人間がすべきこと、できることは何か、神様が求めていることは何か。それが問題になります。

正しくは語らなかった

四二・七前半を読みます。

主はこのようにヨブに語ってから、テマン人エリファズに仰せになった。

直前に語っているのはヨブですから、この言葉にも様々な解釈があります。私は、主がヨブに語ってきたことと受け止めたいと思います。（なお、ここには三二章から三七章の長きに亘って語っているエリフが登場しません。その部分は、後世の付加だから出て来ないのだと思います）。

続きは、こうです。

「わたしはお前とお前の二人の友人に対して怒っている。お前たちは、わたしについてわたしの僕ヨブのように正しく語らなかったからだ。」（四二・七）

エリファズを初めとするヨブの友人たちは、皆善人です。とんでもない災難に遭ったヨブを見舞うためにはるばるやってきて、あまりの悲惨さに言葉を失い、ヨブが神様への呪いの言葉を発するまで、七日間ヨブと共に、地べたに座り込んでしまった人々です。

しかし、彼らは当時の応報思想に則り、ヨブに起こったことはヨブの罪に対する神の裁きだ、悔い改めるべきはヨブだ、神様は間違ったことをするはずがない、と言いました。彼らは、神の考えや、神の行為に関して代弁し、神様のことをちゃんとわかっているわけでもないのに、神様のことを説明するのです。ヨブは、そういう彼らのことを「**あなたたちは皆、偽りの薬を塗る役に立たない医者だ**」（一三・四）と言いました。

そして「**わたしは知っている、わたしが**（**神よりも**）**正しいのだ**」（一三・一八）と言う。ヨブは、自分に起こったことを見ても、この世の現実を見ても、そこには不条理があり、神様が「**正しい**」とは思えないのです。彼にしてみれば、そういう神様を「**正しい**」とする友人たちが「**役立たずの医者**」に見えるのは当然です。しかし、ヨブは神の胸倉を掴まんばかりの勢いで、「正しいことをしているのなら、一言でもよいから説明しろ」と言っている。

神様は、そういうヨブの姿勢に基づく言葉を「**正しい**」と言い、エリファズらの知ったかぶりの説明の言葉を「**正しくない**」としたのです。そもそも友人たちは、神に向かっていないし、神に説明を求めてもいません。自分はすべてわかっていると思っているのです。

「わたしの僕」

ここに「**わたしの僕ヨブ**」とあります。この言葉は一章にも出てきますが、四二章で三回も繰り返されます。彼は嘗て「**君主のように彼**（**神**）**と対決しよう**」（三一・三七）と言いました。「君主」と「僕」では完全な逆です。ヨブは今や「神の僕」なのです。神様が願っていることを行う僕なのです。お金を求めて神の僕になったわけではありません。神様の御旨が自分の願いとは違ったとしても、神の僕として神に従うのが僕です。続きはこうです。

しかし今、雄牛と雄羊を七頭ずつわたしの僕ヨブのところに引いて行き、自分のためにいけにえをささげれば、わたしの僕ヨブはお前たちのために祈ってくれるであろう。わたしはそれを受け入れる。お前たちはわたしの僕ヨブのようにわたしについて正しく語らなかったのだが、お前たちに罰を与えない

ことにしよう。（四二・八）

つまり、「神の僕」であるヨブは、それまでヨブを「罪人」呼ばわりしていた友人たちのために祈るということです。友人たちは知ったかぶりして神のことを説明しているけれど、全く的外れ（罪）なことを言っているのです。でも、自分では「神の代弁をしているつもり」になっている。しかし、今、神の怒りにふれ、「自分たちは間違っていたんだ」と知ったのです。そして罪の赦しを求め、そのために神の僕ヨブに祈ってもらいに行くのです。

十字架の主イエス

こういうことはよくあります。ルカ福音書では、主イエスが十字架に磔にされながらおっしゃった言葉が記されています。

「父よ、彼らをお赦しください。自分が何をしているのか知らないのです。」

私たちは誰でも、「自分が何をしているのか知らない」ことがあります。それは、自分自身を「塵灰」であると思っていないことと関係があります。

私たちは基本的に高ぶっています。だから「自分は罪人ではないけれど、あの人は罪人だ」と思える場合がある。でも、自分が思うことと現実はしばしば違います。しかし、そのことには少しも気づかない。そういうことがしょっちゅうあります。そういう私たちの救いのために、主イエスは十字架の上で祈ってくださったことを、私たちは覚えるべきだし、いつも感謝したいと思います。

目に見える状況

一〇節にはこうあります。

ヨブが友人たちのために祈ったとき、主はヨブを元の境遇に戻し、更に財産を二倍にされた。（四二・一〇）

これまでヨブの状況は以前のままです。社会的にも身体的にも悲惨の極みのままです。ヨブは、「こういう現実を回復してください」と神様に言ったわけではなく、「なぜこういうことが起こるのですか。説明してください」と言ってきたのです。

ヨブは、天におけるサタンと神様の対話を知りません。サタンは、「ヨブの信仰は完全なものだ」と自慢する神様に、「人間の信仰はご利益信仰なんだ」と言います。そのサタンの言葉を聞いて、神様は「ヨブを殺さなければ、何をしても良い」とおっしゃった。

その結果、十人いた子どもを失い、全財産を失い、神に裁かれ、汚れた者とされていた皮膚病に全身覆われ、町から追放され、塵灰の上で、陶器の破片で肌を掻かねば痒くて堪らないという目に遭っているのです。

しかし多分、その現実はヨブ記の中心ではないと思います。不可欠のものですけれど、それはヨブの神様への問いを呼び起こすために不可欠のものでした。そして、彼が神様と出会う上で不可欠でしたし、自分とは何であるかを考え直すために不可欠だったのだと思います。

兄弟姉妹……

一一節を読みます。

兄弟姉妹、かつての知人たちがこぞって彼のもとを訪れ、食事を共にし、主が下されたすべての災いについていたわり慰め、それぞれ銀一ケシタと金の環一つを贈った。（四二・一一）

ヨブの病気が癒され、財産も二倍になったことを聞き、身内の者や知人が贈り物を持ってきて、食事を共にしました。それはそれで「良かった」と思わないわけではありません。けれど、彼らはヨブが悲惨な目に遭っている時に、ヨブを「**いたわり慰める**」ために来たわけではありません。そして、ここに「**主が下されたすべての災い**」とありますが、それは彼らが災いの原因を知っていたということではありません。彼らは災いの現実を見ただけであって、その原因を知っていたのではありません。

塵灰であることを考え直した人間

そして、こう続きます。

主はその後のヨブを以前にも増して祝福された。ヨブは、羊一万四千匹、らくだ六千頭、牛一千くびき、雌ろば一千頭を持つことになった。彼はまた七人の息子と三人の娘をもうけ、長女をエミマ、次女をケツィア、三女をケレン・プクと名付けた。ヨブの娘たちのように美しい娘は国中どこにもいなかった。彼女らもその兄弟と共に父の財産の分け前を受けた。

（四二・一二〜一五）

家畜は前の二倍与えられました。すべて彼の財産です。そして、子どもも息子七人、娘三人与えられたというのです。死んだ子どもたちが生き返ったわけではありません。四二章には登場しませんが、彼の妻が産んだことになります。でも、こういうメルヘン的物語では主人公の年齢は書かれていませんし、最初から最後まで、どれ位の期間が掛かったとか、そういうことは一切書かれません。

神様はどういう神様か、人間とはどういう存在なのか、苦難は何のためにあるのか、祝福とは何か、呪いとは何か、罪とは何か……様々なことを考えさせる物語として読むことが大事なのだと思います。

女性

そして忘れていけないことは、塵灰である彼の女性観です。彼の三人の娘の名前だけが記されています。皆美人でその名もそれぞれ美人を表すものだそうです。

男尊女卑の文化は古今東西に存在しています。当時のユダヤの国では、息子と同じように娘に財産を分けるなんてことはしませんでした。しかし、「**塵灰であることを考え直した**」ヨブにとって、娘と息子の権利は同じなのです。経済的権利も同じです。これは今でも過激なことだと思います。

長寿

そして、最後はこういう言葉です。

ヨブはその後百四十年生き、子、孫、四代の先まで見ることができた。ヨブは長寿を保ち、老いて死んだ。（四二・一六）

ヨブは、ユダヤ人ではありません。「**ウツの地にヨブという人がいた**」（一・一）からこの物語は始まりました。しかし、そのヨブは「**地上に彼ほどの人はいまい**」（一・八）と、神がサタンに言うほどの人なのです。そういう人がユダヤ人以外にいる。実に挑戦的な書き出しです。

彼は、息子たちが娘も招いて順番に宴会をするたびに、彼らのためにいけにえをささげました。「**息子たちが罪を犯し、心の中で神を呪ったかもしれない**」（一・五）と思ったからです。

ここに「**神を呪ったかもしれない**」とあります。でも、たとえば、「あなたって本当に頭が良いのね」と言った場合に、心の中では「あなたって本当に馬鹿ね」と思っていることは幾らでもあります。それと同じように「**神を呪ったかもしれない**」という場合もどういう意味か、いろいろ考えさせられます。「祝福」も「呪い」もバーラクという言葉なのですから、ここも解釈は一つではありません。

それはとにかくとして、四二・八ではヨブの友人たちが「**自分のためにいけにえをささげれば**」とあります。一章では、ヨブが子どもたちのためにいけにえをささげても、結局、子どもたちは皆死にました。子どもたちのためにヨブがいけにえをささげても、息子たちの罪の悔い改めがないままでは無意味なのです。でも、自分は的外れなことを延々としてきたことを知らされた人間がささげるいけにえは、悔い改めを表すものとして有益なのです。

それと同じように、形だけ洗礼式や聖餐式に与っても無意味だし、むしろ自分に裁きを招くことになります。しかし、自分の罪の赦しのために主が十字架に架かって死んでくださったことを覚え、主の前に悔い改めて、洗礼を受けたり、聖餐に与ったりすることは有益です。

ヨブ記が書かれたころのユダヤ教の律法主義は無益だし、傲慢に満ち満ちていました。ヨブ記は、そのことに対して痛烈に批判していると思います。

神様の目的

ヨブ記は「ユダヤ人以外に理想的な信仰者がいるのだ」ということで、ユダヤ人が持っている「選民思想」に痛烈な批判をしているのだと思います。最後に記されているヨブの長寿は、ユダヤ人の族長アブラハムとか皆から尊敬されているモーセとかよりも長寿であったことを示しているでしょう。あの傲慢で「君主のように神に近づき争うのだ」と言っていたヨブが、神と出会うことを通して、友人の罪の赦しを求めて祈る人間になったのです。神は、その祈りを聞く。こういう人間を造り出すことが、神様の目的だったように思います。

いけにえ

私たちは主に招かれて、毎週教会で礼拝をささげています。それは、イエス様が私たちの罪が赦されるようにと、ご自身をいけにえとして十字架にささげてくださったからです。そのイエス様を救い主(キリスト)として天から遣わしてくださったのは父なる神です。そして父は、イエス様を死人の中から復活させて天に挙げてくださいました。そして今は、御子と共に聖霊を降し教会を建て、説教を通して信仰へと招き、神に向かって生きるようにと招いてくださっているのです。そこに塵灰である人間の一つの姿があると思います。

アーメン

私は、最後にローマの信徒への手紙の言葉を読みたいと思います。

ああ、神の富と知恵と知識のなんと深いことか。だれが、神の定めを究め尽くし、神の道を理解し尽くせよう。
「いったいだれが主の心を知っていたであろうか。
だれが主の相談相手であっただろうか。
だれがまず主に与えて、
その報いを受けるであろうか。」
すべてのものは、神から出て、神によって保たれ、神に向かっているのです。栄光が神に永遠にありますように、アーメン
（一一・三三～三六）

（二〇二三年九月十日）

あとがき

「聖書」に収められている文書全般に言えることですけれども、一つの解釈だけがあるわけではありません。筆者も幾人もの人々の解釈を読ませていただきながら、「ヨブ記」を読み、説教してきました。なかでも、並木浩一氏の著作と対話しながら「ヨブ記」を読み、説教できたことは幸いなことでした。

以下に、並木氏の「ヨブ記」に関する著作をあげておきます。

『ヨブ記論集成』二〇〇三年、教文館

『ヨブ記の全体像』二〇一三年、日本キリスト教団出版局

『ヨブ記注解』二〇二一年、日本キリスト教団出版局

『ヨブ記を読もう』二〇二四年、日本キリスト教団出版局

最後の『ヨブ記を読もう』は筆者の説教後に出版されましたけれど、「概略」を書く時に大いに参考にさせていただきました。

並木氏は「ヨブ記」と対話し、考えつつ書いておられることがよくわかります。語句や思想の「説明をする」ことが学問的な本の常識なのですが、並木氏の著作（前二者は研究者向けですが、『注解』とか『読もう』は一般読者向けです）は高度に学問的でありつつ、一人の人間として「ヨブ記」と真っ向

から対話し、考えておられることがよくわかります。そこが、面白いのです。

因みに作家の奥泉光氏との対話形式で書かれている『旧約聖書がわかる本』（二〇二二年、河出書房）も面白い本です。その第4部がヨブ記についてです。是非、お読みください。

「ヨブ記」は、現代的にして現実的な書物です。唯一の「正解」はないと思います。でも、解釈はどうでもよいわけでもないでしょう。

その「ヨブ記」に立ち向かうとき、私たちも自ずと対話をし始めます。世界とは何か、神とは何か、人間とは何か……。一人でも多くの方が「ヨブ記」との対話をしながら様々なことを考えることができますように願っています。

今回も、山梨教会員である、岡田恭子姉、豊田千枝子姉に校正をしていただきました。また、一麦出版社の西村勝佳さんにお世話になりました。感謝です。

二〇二五年三月

及川　信